ティム・インゴルド

人類学とは何か

Anthropology: Why It Matters

奥野克巳／宮崎幸子 訳

亜紀書房

目次

凡例

原書にある注は✻1、✻2…の番号を付し、巻末に訳出した。

訳者による注は、［　］の形で本文に入れ込んだ。

ただし、長いものは左頁の欄外に示した。

第 1 章

他者を真剣に受け取ること

私たちはどのように生きるべきか？

間違いなく、人間はその問いを考え続けてきた。おそらく、その問いを考えることこそが、私たちを人間にする。他の動物には、この問いは浮かばないだろう。動物たちは、多かれ少なかれ、それぞれが自分なりのやり方で物事に向き合うことに没入している。ところが、人間の生き方――行い、考え、知るやり方――は、そうやすやすと伝わるものではない。つまり、あらかじめ運命づけられてこうだと決まっているわけでもないし、いつかはこうと決まるようなものでもない。生きることとは、どのように生きるかを決めることであり、つまりどの瞬間にもいくつもの異なる方向へと枝を伸ばす潜在的な力をもっているのだが、どの方向も、他よりもふつうでも自然でもない。歩くことで道ができていくように、前を行く人たちの足跡を追いつつ、それを壊すようにして歩みながら、私たちは生き方を絶えず即興的につくり出していかねばならない。しかし私たちは、独りでではなくて、他の人たちとともに、そうする。縄の撚《よ》り糸のように、いくつもの生が絡まり合い、重なり合う。いくつもの生は、伸びては結ばれる交互のサイクルをともに繰り返しながら、互いに応じ合う。撚り糸は、けっして永遠に続くようなことはない。なくなってしまうものもあれば、新たに加わるものもある。かくして、人間の生とは社会的なものである。それは、どのように生きるのかを理解することについての、けっして終わることのない、集合的なプロセスなのである。それゆえ、どのような生き方も、生きていく中でつくり上げるものなのだということになる。道が、まだ見ぬゴールにどうやってたどり着くかの答えではないように、生き方は、生についての問題に対する答えなのではない。そうではなく、人間の生とは、その問題に対する一つの**アプローチ**なのである。

できる限り幅広いアプローチから進んで学ぼうとする学にご登場願おう。それは、背景や暮らしや環境や住む場所がどのようなものであるかを問わず、世界中に住まうすべての人の知恵と経験を、どのように生きるのかという問いに注ぎ込む。これが、私がこの本の中で唱える研究分野である。それを**人類学**と呼ぼう。それは、皆さんがイメージするような人類学ではないかもしれないし、人類学者を名乗る人たちの多くが行っているものでさえないかもしれない。その学には概念も誤解もたくさんあるが、それらをしらみつぶしに振り返るのは退屈だろう。本書で私は、個人的な見解を示すわけだが、そのことに対して言い訳はしない。その見解とは、この科目の学生から教師となった私独自のキャリアに色づけられていて、おそらく、人類学とは何であるのかではなく、人類学がこうなりたいと切望しているはずのものである。他の人は違うと言うかもしれないが、それは弱点ではなく、活気のしるしである。他の人が何と言おうとも、人類学とは常につくられつつある学《ディシプリン・イン・ザ・メイキング》であり、それが関心対象とする社会的な生と同じように、けっして完結するものではない。そのため、人類学の歴史が、はじめから終わりまで語られるなんてことは、ありえないのである。私たちはあたかも何世紀も誤謬や無知や偏見が続いた後についに光の中に現れ出たのだと考えるかのように、現在の栄光に満足することもない。なされなければならない仕事がある。本書は人類学の過去を語り直すことでもあり、また未来に向けて人類学をつくり直すことでもある。

どのように生きるのかという問いは、本来、哲学に属すると考える向きもあるだろうし、そのことは間違ってはいないだろう。それは、結局のところ、私たちのこの世界の中に生きる人間存在の土台そのものに触れる問いである。私たちは自らを人間と呼ぶが、人間であるとはいったい何を意味するのか？　科学が種としての私たちに授ける名前は**ホモ・サピエンス**であるが［サピエンスは知恵の意］、ここで言われている私たちの知恵、すなわち叡知とはいったい何なのだろうか？　私たちはそれぞれ違っているが多様なやり方で、どのように知り、考え、想像し、感じ、振る舞い、記憶し、学び、言葉を使って会話し、他者とともに生きているのだろうか？　どのような手段によって、どのような原理の上に、私たちは自らを社会に組み入れ、制度をつくり、正義を行い、権力を行使し、暴力行為に関わり、環境に順応し、神を崇拝し、病気を気にかけ、死すべき運命に向き合っているのだろうか？　こうした問いには終わりがなく、哲学者たちは長い時間をかけてそれにかかずらってきた。人類学者も同じである。だが違いもある。哲学者たちは孤立した人たちで、日常生活の面倒な現実にじかに関わるよりも、彼ら自身のような思想家たち——全員とは言わないにせよ、ほとんどの場合、死んでしまった白人たち——の古典的なテキストの熱心な審問へと深く潜《もぐ》っていきがちである。それとは反対に、人類学者は世界の中で哲学する。人類学者は彼らが対象として選んだ人々とともに研究する——とりわけ、観察、会話および参与実践に深く巻き込まれることを通じて。どの人々を選ぶのかは、人類学者の経験と関心によるが、原則として、それはどこの誰でもありえる。私の定義では、人類学とは、**世界に入っていき、人々とともにする哲学**である。

人類史において、この種の哲学が今ほど必要とされたことはなかった。世界が臨界点に達している証拠は、私たちの身の回りのあらゆるところに見られ、しかも圧倒的である。世界の推定人口は七六億人であり——今世紀末までには一一〇億人以上に膨れ上がるとされる——、私たちはかつてないほどたくさんいるし、かつてよりも平均寿命が長くなった。

現在、世界人口の半分以上が都市部に住んでおり、ほとんどの人が、祖先たちがやっていたように、大地からじかに糧を得ることはしない。食料をはじめとする生産物のサプライ・チェーンは、地球上を縦横に動き回っている。森は荒廃させられ、耕作可能な地帯は大豆およびアブラヤシ生産に転用され、鉱業が大地を掘り返している。人間の産業、とりわけ大規模な化石燃料の燃焼は世界の気候に影響を及ぼし、破局的な事件のリスクを高め、また各地で起きている水やその他の生活必需品の不足が、大量虐殺に至る衝突を引き起こしている。世界は生産、分配および消費のシステムに牛耳《ぎゅうじ》られているのだ。そのシステムは、異様なまでに少数の者に富をもたらす。その一方で、数えきれないほどの人々を窮乏状態にし、慢性の不安定状態、貧困、疾病《しっぺい》をもたらす。さらには、かつてなかった規模で環境破壊を引き起こし、多くの地域を居住不可能にし、破壊不能な有害廃棄物で土地と海をいっぱいにしている。こうした人間の影響は取り返しがつかないものであり、私たちの種の支配権をこの惑星上でおそらくはさらに持続させることになるだろう。誰かが地球史における新しい時代、すなわち人新世《アントロポセン》の始まりを宣言した［訳注］のは、故なきことではない。

この崖っぷちの世界が、私たちが手にしている唯一の世界である。どれだけ他の惑星での暮らしを夢見ようとも、逃れる場所はない。また過去に遡って、そこから現在に至る別の道を辿ろうとすることもできない。私たちは今いるところにいるのであって、そこからやっていくことしかできない。カール・マルクスがはるか昔に気づいていたように、人間は自らの歴史の著者ではあるが、それは自らが選び取ったものではないのだ。[*1]私たちは、別の時間に生まれることを選ぶことなどできない。現在の状況は、過去の世代が行動し得なかったがためにかたちづくられたのである。それはちょうど、私たち自身の行動が次には取り消すことができないかたちで、未来の条件をつくるのと同じである。だとすれば、来たるべき世代に生がありうるためには、私たちは今、はたしてどのように生きるべきなのだろうか？　他者を切り捨てた一部の人にとってではなく、万人にとって、生を持続可能にするものとはいったい何か？　この重大な問いに取り組むには、ありとあらゆる助けが必要である。答えはそのへんに転がっているわけではなく、探し出さねばならない。どんな教義や哲学、どんな科学の部門や土着の世界観を探ったところで、その秘密を見つける

訳注：人間活動が地球の生態系や気候に重大な影響を与えている点を踏まえて、「完新世」に代えて唱えられている新しい地質年代。一般には、人口とエネルギー使用の急増、工業化が急速に進んだ二〇世紀半ば以降のこと。提唱者は大気化学者パウル・クルッツェンと生物学者ユージン・ストーマー。

ことはできないだろう。最終的な解決などない。歴史は、それに終止符を打つ記念碑的な試み、つまり生が続くのであれば必ず失敗するにちがいない試みに満ちている。その廃墟からの出口を探ることが、私たちすべての任務なのだ。そこにこそ人類学が入り込む余地があり、私たちの不安定な世界で人類学が重要である理由がある。

問題は、私たちに情報や知識が不足しているわけではないということである。反対に、世界は情報や知識で溢れ返っており、デジタル技術の発達により情報は洪水となった。近年の研究によれば、約二五〇〇万本の科学論文が毎年公表され、一六六五年以降の公表数は五千万本を超えている。[※2] 専門的なデータ取得装置および洗練された設計モデル化の技術で武装した専門家は、彼らの見通しを熱心に提供する。私たちは彼らの言葉に耳を傾けるべきであるし、教養や人文知に深く浸《ひた》った学者――彼らの省察は、私たちの目下の窮状をよりよく枠づける文脈を提供してくれる――にも耳を傾けるべきである。しかしすべての専門家は、科学者も人文学者も、共通する何かをもっている。それはすなわち、世界を、それを超えて、上あるいは前から測ることができるという感覚である。彼らはその場所から後ろを振り返って、権威をもって業績を公表する。その権威は、日常生活の世俗的な出来事により密接に関わっている人々には受け入れ難いものである。有利な立場から、学者たちは学者でなければ理解できないことを説明できると公言する。物理学者は宇宙の動きを、生化学者は生命の働きを、神経科学者は脳を、心理学者は心を、政治学者は国家を、経済学者は市場を、社会学者は社会を解析するという具合に。人類学者もまた、自分には「社会的」とか「文化的」とか、さまざまなラベルが貼られた文脈を説き明かす高尚な力があると主張してきた。その中で、他の人々の仕事や生活が解釈されたり、説明されたりさえした。

この主張に関して、私にはもっと言いたいことがある。私はそれに同意するものではない。私がここで提起する種類の人類学は、違う目的をもっている。それは、他者のやり方を解釈したり説明したりするものではない。つまり、決まった場所に他者を置いたり、「了解済み」として片づけたりしようとするものではない。むしろそれは、他者のいるところで分かち合うことであり、生きることにおける他者の実験から学ぶことであり、また人間の生がどのようなものでありうるのか、つまりその未来の条件と可能性について私たち自身が想像するものに、この経験を注いでみることである。私にとって人類学とは、こうした想像力と経験の関与を養分として成長するものである。それが提供してくれるのは、知識の産物へと転じる情報を求めて熱心に世界を浚渫《しゅんせつ》し、他の諸学の貢献に加えられるような知識の量ではない。私の人類学の流儀は、「知識生産」という仕事の中には全くない。それは世界とのまるで異なる関係を望んでいる。人類学者が調査している人たちにとっても、人類学者にとっても、世界は研究対象ではなく研究の環境である。人類学者は最初から研究の過程と諸関係の中に没入する。批判者はこのことを弱さあるいは脆《もろ》さだと見る。彼らに言わせれば、そのことは客観性の欠如を示している。ところが私たちに言わせれば、これこそが人類学の強さの源なのである。私たちは客観的な知識を求めているのではないからである。私たちが探し求め、得ることを望んでいるのは、知恵である。この二つは、けっして同じものではない。むしろ知識と知恵は、ぶつかり合うことさえあるのだ。

知識は、モノを固定して説明したり、ある程度予測可能にしたりするために、概念や思考のカテゴリーの内部にモノを固定しようとする。私たちは、知識で武装するとか、あるいは私たちの守備を強化して逆境によりよく対処するために知識を使うとかと言いがちである。知識が与えてくれるのは力、統制力および攻撃に抵抗する免疫力である。しかし知識の要塞に立てこもれば立てこもるほど、周りで何が起きているのかに対して、私たちはますます注意を払わなくなる。私たちがすでに知っているのならば、なぜわざわざ注意を払ったりするだろうか？　それとは逆に、知恵があるとは、思い切って世界の中に飛び込み、そこで起きていることにさらされる危険を冒すことである。それは、私たちが注意を払ったり、気にかけるために他者を目の前に連れてくることである。知識は私たちの心を安定させ、不安を振り払ってくれる。知恵は私たちをぐらつかせ、不安にする。知識は武装し、統制する。知恵は武装解除し、降参する。知識には挑戦があり、知恵には道があるが、知識の挑戦が解を絞り込んでいくその場で、知恵の道は生のプロセスに対して開かれていく。もちろんここでは、知識なしにやっていくことができるなどと言いたいのではない。だが私たちには、知識に劣らず知恵が必要なのである。現時点で、そのバランスは知識に圧倒的に傾いており、知恵からは遠ざかってしまっている。これほど知識が溢れているのに、それが知恵に結びつかない時代は、実際これまでの歴史にはなかった。そのバランスを回復すること、つまり科学によって伝えられる知識に、経験と想像力の溶け合った知恵を調和させることが人類学の仕事であると、私は信じている。

知識の進歩の上に打ち立てられる世界において、さまざまな研究者たちの間にあって人類学者が特別なのは、他の学では、教育のない、文盲、それどころか無知と簡単に片づけられてしまう人々から進んで学ぼうとするからである。こうした人々の声は、主要なコミュニケーション・メディアで取り上げられることはほとんどなく、人類学者がいなければ聞かれることがないままであろう。人類学者たちが幾度となく示してきたように、こうした人々は、彼らよりも知識があるとされている優れた者たちよりも知恵がある。また、世界が変わりつつある時に、彼らの知恵は私たちがけっして無視できないものである。共有すべき経験をもつ他者に教えられることを私たちが受け入れさえすれば、学ぶべきことがたくさんある。しかしこのような他者たちは、調査においては教師としてよりも情報提供者として、協力してもらうことだけで満足してきた学者たちによって遠ざけられてきた。他者たちは、世界について彼らが示しうるのは何であるのかということよりも、彼らの心から何が引き出しうるのかが問われてきたのである。他者と一定の距離を保っておくために、精緻な方法が考案された。その方法は、人類学者が研究する人たちにあまりに近づきすぎたり、愛情を抱いたり、調査者が巻き込まれてしまうことで調査結果が損なわれないために導入され、客観性が担保されたのである。だが人類学者にとって、そのように深く入り込むことは絶対不可欠なことである。あらゆる研究は観察を求めるが、人類学では他者を対象化するのではなく、他者に注意を払うこと、つまり他者がすることをよく見て言うことをよく聞くことによって観察する。私たちは人々**についての**研究を生み出すというよりも、むしろ人々**とともに**研究する。このやり方を「参与観察」と呼ぶ。それがこの学の礎《いしずえ》なのである。

参与観察には時間がかかる。人類学者が「フィールド」と呼ぶところで何年間も過ごすのは稀なことではない。フィールドワーカーは最初、たぶん招かれざる客としてなじみの薄い土地に身を置き、ホストに大いに世話になる。人類学者は贈り物の習慣についてこれまで詳細に書いてきたし、贈与と返礼の原理がいかに日常生活の核となっているのかを示してきた。だがこうした原理は、人類学的なフィールドワークの実践にとっても同じように重要である。フィールドワークとは互酬性《ごしゅうせい》の土台の上に築かれた原理であり、互酬性とは、与えられないものを偽ったりごまかしたりして得ようとすることではなくて、与えられたものをありがたく受け取ることである。これこそ、フィールドと実験室が異なる点である。フィールドでは、事が起きるのを待たなければならないし、何かが提供された時にはそれを受け取らなければならない。だから、フィールドワークには長い時間がかかる。それに対して、実験室は人工的につくられた場所である。そこには実験道具がそろい、道具を用いてモノの秘密が無理やりにあるいはトリッキーに暴かれ、科学ではその秘密が「データ」となる。語源的には、データは与えられたもの（ラテン語の *dare*、すなわち「与えること」）だったが、科学の用語では、それはそこにあって受け取りに行けばいいもの――生命が最初形成された時には、満ち引きの流れの中にあっただけだったが、その流れから出て沈殿してしまうようになった「事実」――を意味するようになった。モノが個別の事実へと固められる時にのみ、それらは数えられるようになる。こうした理由で、私たちははじめからデータを量的なものとして考える傾向があるのだ。

それでは、実験室ではなく、野外で行われる参与観察を、量的ではなく質的なデータ、つまり数字や目盛りで表されたり統計の中へとまとめられたりできないデータを集める手法であるとみなすべきだろうか？　人類学の教科書ではふつう、そのように書かれている。しかし「質的なデータ」という考え方そのものが、私にはどこか落ち着かない感じがする。というのも、現象の質はその**現前**の中にしか、つまり現象を知覚する私たちを含む、周囲の環境に現象が開かれるやり方の中にしかないからである。しかし質をデータに変える瞬間に、現象はその情報の母胎から切り離されて孤立してしまう。**彼らの言うことが彼らについて何を語るのか**にしか興味がない中で質的データを集めることとは、人々に対して開かれていくようでいて、その実、彼らに背を向けるようなものなのだ。寛大さは、収奪のための隠れ蓑になる。オーストリア人で「ヒューマン・エソロジー」の創設者であるイレネウス・アイブル゠アイベスフェルトほどのことをやってのける人はほとんどいないであろう。彼は人々のデータをこっそりと集めるのにとても熱心で、九〇度の反射板付きのカメラを設計し、誰かあるいは何かに向き合っている間に、被写体自身に気づかれないで、撮影するようになった。これは、途轍《とてつ》もない欺きである。そこには、ホストとの会話に誠実に加わるふりをしながら、実際には彼らの情報を収集する手段としてその会話を利用するという二枚舌がある。人類学者はよく、フィールドでラポール（良好な関係）を確立することの重要性を強調する。しかしラポールという語には、友情と報告という二つの意味がある。人々のことを書き上げるために、彼らと友だちになることは、はたして正しいことなのだろうか？

人類学者が人々のことを書き上げるために使う用語は、**民族誌**である。参与観察とは、はたして民族誌という目的に至るための手段なのか？　ほとんどの人類学者はそうだと言うだろう。実際には、まさに参与観察の実践こそが民族誌的な仕事であると多くの人が考えてしまうほどに、手段と結果が入り混じってしまっている。でも私の意見は違う。繰り返せば、参与観察は人々**とともに**学ぶ方法である。それは、他者の生を書くことに関するものではなく、生きる方法を見つけるという共通の任務に他者とともに加わることに関するものである。ここに民族誌と人類学の違いがある、と私は主張する。したがって、人類学者にとって、参与観察はデータ収集の方法では断じて**ない**。参与観察とはむしろ、やりながら学ぶということへの積極的な関与であり、徒弟とか生徒がやっていることに比べられうる。結局のところ、私たちは教授の言うことを説明し、あるいは後世のために教授のことを書き上げようという目論見をもちながら、教授たちとともに研究するために大学に行く、などというようなことはしない。それよりも、教授たちによって**教育される**ままに任せる。先生にとっても、私たちにとっても、そういった教育には変革する力がある。同じことが、フィールドでの参与観察を通じて私たちが受ける教育についても言える。要するに、人類学の重要な目的は民族誌的なものではなく、教育的なものである。人類学が重要なのは、私の考えでは、まさしく教育し、またこの教育を通じて生——私たち自身の生と私たちが調査をしている人々の生——を変えうる潜在的な力のためである。しかしこの潜在的な力は、私たちが彼らから進んで学ぼうとする場合にのみ現実のものとなりうる。彼らのことを真剣に受け取ることがないのであれば、私たちには学ぶものなど何もないだろう。

他者を真剣に受け取ることが、私の言わんとする人類学の第一の原則である。このことは、たんに彼らの行動や言葉に対して注意を払えばよいという話ではない。それ以上に、物事がどうなっているのか、つまり私たちの住まう世界や私たちがどのように世界に関わっているのかについての私たちの考えに対して、他者が提起する試練に向き合わねばならないのである。先生に同意する必要などないし、先生が正しくて、私たちが間違っているとみなす必要もない。私たちはそれぞれ違っていてかまわないのだ。だが、その試練から逃れることはできない。確かに、人類学の不名誉な歴史が示しているのは、そうした試練から逃れようとするための数多くの戦術《ストゥラタジェム》である。それらの戦術に含まれるのは、人々が合理的ではないとか、論理的思考ができないとか、古来の迷信に囚われているとか、彼らの思考は子どものような無邪気さから成熟へと向かう人間発達の初期段階の特徴を有するとか、彼らは誤っているもしくは不完全な情報に基づいて行動しているとか、彼らの行動は伝統によってプログラムされているとか、彼らは事実と幻想を区別できないとか、文字通りのものと隠喩的なものの間の線引きができない、といった口実が含まれる。現代のほとんどの人類学者たちは、こうした戦術を正しく放棄している。彼らは、他者の思考と行動を私たち自身のものよりも真剣に受け取らないことを正当化するような推論や情報、あるいは成熟度といった尺度の上に他者がランク付けされることがあってはならないという原理を強調している。それにもかかわらず、多くの人類学者たちはいまだに、「信じられないものを率先して宙づりにすること」と呼びうるものに同意している。それは、劇が続けられている間、ステージ上で演じられる見せかけの世界を、それがあたかも現実の生活であるとしだいに思い込んでしまうようになる観客にとてもよく似ている。

だが、こうした態度を取ることは、特に私たちの理解との間で摩擦《まさつ》を起こす際に、他者の言葉と行動が現実に影響を及ぼすことを否定することになる。それはまた、私たちの背中を守るための戦術、つまり人々が何を言い何をしようが、私たちが＝知っている＝現実が侵されないままであると納得するための戦術なのである。人々によって感知されかつ演じられている世界は、彼らにとっては全面的に現実なのであるが、実際には、観念や信仰や価値から組み立てられている構築物であって、そうしたものがまとまって一般に「文化」と呼ばれるものが出来上がっているのだと、私たちは全知の権威を纏《まと》いながら宣言する。理性の光を浴びた私たちには、彼らが見ることができないものを見ることができるおかげで、私たちの世界を除いて、人間の世界はどれも文化的に構築されている、つまり、このように多様に構築されたものとは、一つの所与の現実の代わりとなる偽物にすぎないのだ、と私たちは主張する。彼らの見方は意味の網の目に宙づりにされ、私たちの見方は客観的な事実に根ざしているというわけだ。私たちは、さまざまな人間の肖像画がかかった画廊の客であり、彼らは肖像画である。私たちは画廊に入っていって見ることができるが、彼らは外に出て見ることができない。人々がしたり言ったりすることを、私たちが学ぶべきレッスンとして扱うのではなく、**何かを論証するための証拠**として扱う限り、この戦術は常に再生産される。それは、人々自身に知られることなく彼らの思考と実践を駆動させている別の何かの徴候として、つまり文化の隠れた手の徴候として、人々の言動を扱うのに等しい。実際には、このことが人類学の第一の原則に背く。というのは、他者を真剣に受け取ることとは、その論を閉じてしまうことではなくて、彼らの経験によって豊かになった想像力に対して論を開いていくことだからである。

ここで問われるべき問いは、どのようにして私たちが住まう世界を**知る**ことができるのかという問いを超えている。それはより根源的な問い、つまり私たちが知っている世界はどのように**ある**のかという問いである。哲学の謎めいた語彙では、第一の問い、つまり知ることについての問いは**認識論的**な問いである。第二の問い、つまりあることについての問いは**存在論的**な問いである。認識論から存在論への移行などというと難解に聞こえるかもしれないが、それには深い重要性がある。なぜそうであるのかを示す一例を挙げてみよう。一九三〇年代に、二〇世紀の最も先見的な人類学者であるA・アーヴィング・ハロウェルは、北部中央カナダの先住の狩猟・わな猟民であるアニシナアベ別名オジブワの人々のもとで調査を行っていた。そこで彼は、ベレンズ川のアニシナアベの首長ウィリアム・ベレンズと交友を深めた（図1参照）。ベレンズは、年長者たちに教えられ、動物や植物やとりわけ石を含む、彼の周囲の世界に終生にわたって注意を向けることによって培われた、偉大な知恵と知性を備えた人物であった。ハロウェルの説明によれば、ベレンズとの議論は彼自身の思考に深い影響を与えた。そうした議論をする中で、分かったことがある。言語学者によって体系化されたオジブワ語の文法で、「石」にあたる単語がいのちなき存在ではなく、いのちある存在に対して通常用いられるクラスに属するもののように思えたという観察に促されて、二人は石の話に立ち戻った。ハロウェルはそれを聞いて途方に暮れ、「私たちが見ている周りのすべての石は生きているのだろうか？」と尋ねた。長い間考えた末にベレンズは、「いいや、でも、生きているのもある」[※3]と答えた。その答えは、いつまでも心に消えない印象を残したと、ハロウェルは回想している。しかし、ハロウェルはそれをどう理解すればいいのか分からなかったのである。

石のように動くことのない何かが、ことによると生きているなどと、いったいどうしたらこんなことを真剣に言えるのか？　また、もし石の中に生きているものもあるのだとす

図1　首長ウィリアム・ベレンズが長老たちの生ある石の傍に座っている。
カナダ・オンタリオのグランド・ラピッズとピカンギクムの間で
A.アーヴィング・ハロウェル、1930年撮影（アメリカ哲学協会提供）

ると、なぜすべてがそうではないのか？　こうした問いを扱う一つの方法は、モノに対して人々が取る態度には、二種類あることを考えてみることであろう。まずは、日常生活で典型的に見られる良識のある実践的な態度がある。さらには、象徴的な連関に満ちた儀礼あるいは儀式的な性格をもつ機会のために取っておかれる、信仰とイデオロギーによって高められた態度がある。一九一二年に初版が刊行された宗教の原初形態に関する専門書の中で、エミール・デュルケーム――社会学のフランスにおける創始者――は、これらの態度をそれぞれ、俗と聖と呼んだ。[*4]テーブルを例に挙げてみよう。私たちは、ふつうはテーブルをいのちなきものと考えるが、もしテーブルが、宗教的な儀式の場で、たまたま祭壇になると、あたかも霊的な生命力を放つかのように、テーブルに途轍《とてつ》もない力があるとみなすのはもっともなことである。そのことは、オジブワと彼らの石と同じ話なのではないだろうか？　自然環境の中で日常的に出くわす石が動かないということは、世界中の人々にとってそうであるように、オジブワにとっても明白なことであるにちがいない。しかし、場合によっては聖別されているかもしれないし、石をそのように扱う人にとっては、石がある種のオーラや生命力を備えているかのように見えるのかもしれない。そのことが、べレンズが生きている石もあると表明した時に言わんとしたことだったのだろうか？　彼の言葉は、日常生活では想像上のことだと分かっていることを、現実のこととして受け取るように人々に思い違いをさせる儀礼的態度の証拠とみなされうるのだろうか？

私たちの俗なる時代において、他者が言ったりしたりすることが、たんなる儀礼的なものとして、私たちの感受性と相容れないように思われる時、それらを無価値であるとみなすのはとてももたやすい。異国の文化についての私たちの絵は、儀礼の色で塗りたくられがちである。しかし、ハロウェルが承知していたように、こんなルートを辿ってしまうのは、彼の友人の知性に対する侮辱であろう。ベレンズの言ったことは、学説の言明ではないのだから。ベレンズは、伝統によって強制され、またあらゆる反証例があるにもかかわらず、あたかもそれが既定の結論であるかのように、石は生きているんだ、以上、と断言したわけでもないのだから。逆に、ベレンズは長い熟慮の後に、ようやく彼の判断に達した。そして彼が苦労してハロウェルに説明したように、それは、個人的な経験に基づく判断であった。ベレンズは、自らの意思で動き、まるで会話のように聞こえる音さえ立てる石があることに気づいていた。もちろん、石がそんなことをするはずがないと確信している私たちは、彼がそれを想像しただけであるとか、あるいは夢想したのだと考えるかもしれない。しかし、もしベレンズが今、私たちとともにいるならば、彼は、私たちの哲学では、経験と想像力がどうしてそんなにたやすく区別されるのかを、さだめし知りたがるであろう。私たちは夢を経験することはないだろうか？　私たちの夢の世界は、私たちの目覚めている時の世界とそんなに違っているのだろうか？　科学の権威が卓越した社会で育った私たちにとって、真理へと至る道は、事実と空想の区別の中にある。しかし、そうでないこともありうるのではないだろうか？　経験と想像力の和合の中に、つまり私たちが働きかけると同時に私たちに働きかけてくるものの中に、真理があるのだとしたら、どうだろうか？

これは確かに、客観的な真実ではない。だが、私たちが経験する世界は、私たちが、思考する主体として、私たち自身をそこから閉め出してしまう傾向にあるものではなく、むしろ私たちが完全にその一部となりうるものである。世界は、そのように、一時的に存在するにすぎない。私たちは、あたかもすでに知っているかのように、世界の確実性について云々することなどできない。というのは、科学者であればそう言うであろうが、世界に関する私たちの仮説が後になって偽りだと分かってしまったり、あるいは私たちの予測がはずれてしまったりするからではなく、世界それ自体が、その構造と構成の中にけっして安定してはいないからである。世界はむしろ、絶えず生成しつつあるのだ。その一部である私たち自身もまた、実際にそうであるように。まさにそうであるがゆえに、常に形成されつつあるこの世界は、不思議さと驚きの涸《か》れざる源泉なのである。そのことに注意を払わなければならないのだ。もし、ベレンズの言葉をそれに値する重さをもって扱う用意があるならば、これこそがベレンズが私たちに教えてくれたことである。ベレンズの言葉によって私たちは、それまではあたりまえと思ったまま疑いもしなかった多くの事柄を疑問視するようになる。動いたり、話したりする石というアイデアをそれほどあからさまに幻想的なものとする現実に対する私たち自身のアプローチとは、いったいどのようなものなのだろうか？　結局のところ、石は歩き回り、自らの重さで、あるいは水や氷や海の波によって運ばれ、ガレ場の斜面を転がっていく。また石は互いにぶつかったり、別のモノにぶつかったりする時に音を立てる。まるでそれぞれの石が、人間のように、独自の声をもっているかのようだ。もし、話すとは、私たち人間がそこにいることを音で知らせる方法のことを言うのだとすれば、石の鳴動についても同じことが言えないだろうか？　この意味で、石もまた話すのである。

モノに注意を向けること——その動きを見つめたり、その音を聞いたりすること——は、波頭がまさに砕け散るその時に波に乗るように、行為の真ったただ中で世界を捕《つか》まえることである。賽《さい》がすでに投げられた世界に後から出くわすどころか、世界は、そのかたちが現れるまさにその刹那《せつな》、目の前にいきなり現れる。その瞬間に経験と想像力は溶け合い、そして世界が生成する。世界生成の流れに私たちの知識を結わえつけることによって、私たちは、ベレンズのように、石やそれ以外のものも含め、モノが生きていること《ライヴリネス・オブ・シングズ》を目の当たりにすることができる。しかしこのことは科学によって想像されるものとはとても異なったしかたでいのちについて考えることを意味する。モノがいのちを所有し、いのちはモノの中に隠れて、モノを世界の舞台の上で動かす秘密の成分となっているというような話ではない。むしろ、かたちを生じさせ、ある一定の時間存在させるために、世界を貫いて流れる物質の循環とエネルギーの流れの見えない力としていのちを考えなくてはならない。したがっていのちが石の中にあるということではなくなる。むしろ、石がいのちの中にあるのだ。人類学では、モノの存在および生成についてのこのような理解——もしそう呼んでいいのなら、この存在論——は、**アニミズム**として知られる。アニミズムはかつて、モノの霊性への間違った信仰の上に築かれた最も原始的な宗教として打ち捨てられたのだが、今日では、実在の完全性の理解において、科学を凌駕する、生の詩学であるとみなされている。それは、他者を真剣に受け取ることから帰結する。

大の大人ふたり——アメリカ人の教授とオジブワの長老——が石をめぐって会話しただって？　この事例は、取るに足らない、ばかげたもののようにさえ見える。でも私が皆さんに確信してもらいたかったのは、彼らの会話は、私たちが生きている世界に関する、またその中にある私たち自身の場所に関する、生それ自体に関する根源的な問いに開かれたものであるということだった。もちろんそれは、人類学者たちが世界中の人々と行った無数の会話のうちのほんの一例にすぎないし、そして実は、そのどれもが潜在的に同じくらいに重要な問いを生み出す可能性がある。ハロウェルとともに始まった存在の問いへの移行は、ハロウェル以来とても勢いを得るようになったため、多くの人類学者は今日「存在論への転回」について話すようになっている。ハロウェル自身にとっては——彼の時代では、先見の明があったにもかかわらず——これは、あまりにも遠くへ行き過ぎてしまった転回であった。最終的には、そして悲劇的なことに、彼は友人たちに背を向けることになった。彼の論文のタイトル「オジブワ存在論、振る舞いと世界観」が、そのすべてを語っている。その論文の中で、首長ベレンズは匿名の「老人」として再登場している。そして石に対する老人の態度は、彼の文化で受け入れられる見方の証拠にすぎないとされたのである。私たちは今日では、そのことにとても満足などできない。なぜなら、現代がその上に築かれている実在の確実性が、世界を瀬戸際にまで連れて行ってしまっていることが、かつてなかったほど明らかになっているからである。私たちはどのように生きればよいのかという問いに対する別のアプローチを編み出す必要がある。そしてそれが、世界を知る方法と世界の中にある方法の間、つまり科学と自然の間の裂傷《れっしょう》を癒すことになるかもしれない。この癒しは、開放的かつ持続可能な未来に向かう道を進むためには、なくてはならないステップである。

はっきりとさせておこう。私は、祖先がヨーロッパ植民者の到来以前の千年にわたってその土地に暮らしてきた、オジブワのようないわゆる「先住の」人々が、どのように生きるべきかという問いに対する正しい答えをもっていると言っているのではない。また祖先が植民地事業に手を染めた、いわゆる「西洋人たち」がすべて間違っていたと言っているのでもない。答えをもっている人など誰もいない。だが私たちには、個人的な経験と他者から学んだことに基づいた別のアプローチが確かにあり、それらは比較してみるに値する。学としての人類学は、この比較を行うことの価値に深く関わることによって前進していく。しかし比較することとは、思考と実践という定まった形式を、あたかもそれらが、あれかこれかの伝統を生きる人々の心身のうちにすでに沈殿したものであるかのように並置することではない。なぜなら、考えることは、すでに考えられたことの複製だけに限られるのでもなければ、すでになされたことに対する実践でもないからである。私たちが比較するのはむしろ、その途上に投げ出された目標をひっきりなしに追い抜いていく、考えることとすることとの**方法**なのである。このことは、人間の生き方の多様性をカタログ化することなどではない。会話に加わることである。会話の中ですべての参加者が絶えず変容にさらされているような会話に。要するに、人類学の目的は、人間の生そのものと会話することである。この会話——この生——は、たんに世界**について**の会話ではない。次章で詳しく見ていく意味で、それは世界**である**。それは、私たちすべてが住まう世界なのである。

第 2 章

類似と差異

すべての人間は異なっている。しかし、誰かが他の人よりもっと異なっているということはありうるだろうか？　遠く離れて暮らす人たちより、近くにいる人たちとのほうが互いに共通点が多くあると言えるのだろうか？　結局のところ、私たちは常にこのようにして、それぞれの文化に人々をあてはめ分類するよう教えられてきたのである。同じ一つの文化のメンバーには多くの共通点があるといわれる。例えば、たいてい話す言語が同じだったり、生活様式が同じだという具合に。また、同じ宗教的慣習に従っている、同じ価値観を忠実に守っているといったこともあるだろう。さらに、このような共通点があることで、人々はそれぞれの文化世界を生きることができるのであり、そうした世界が寄り集まって人類というモザイク画ができているとさえいえるかもしれない。人類学者はこれまで長きにわたり先頭に立って、文化の多様性を擁護してきた。実際、人類学者は時々、気質的に単一性を毛嫌いする傾向があるように見える。つまり、世界はけっして一つではなく、常に多くの世界があると主張する。しかし、このような複数性に訴えるならば、誤った方向へ行ってしまうと私は信じている。それは、原理として間違っているだけではない。この学にとって危険をはらんでもいて、多くの不平等、権利の剥奪《はくだつ》と負債をもたらしたグローバルな力に対抗する力を、私たちは失くしたままである。人類学の名に値すると私が考える学とは、私たちは一つの世界に住んでいるという原理に立脚したものでなければならない。しかし、この世界は企業金融や国際電話通信、要するに「西洋」の地球《グローブ》の世界ではない。それは似ているものからなる世界ではなく、多種多様の異なるものからなる世界である。人類学にとって挑戦とは、多種多様の異なるものからなる世界が一つであることを、明晰に確信をもって打ち出すことである。

挑戦を始めるにはしかし、人々を同じとか違うということにいったいどんな意味があるのかを改めて考えてみる必要があるし、そしてそのことが本章の仕事である。人類学者にとってこの任務は、人類学が始まった時からずっとこの学につきまとってきた二つのキーワードに密接につながっている。二つのキーワードとは、「自然」と「文化」である。多数の意味があり、これまで多くの議論を巻き起こしてきたこれらの語について、ここでさらに論評を加えることはしない。さしあたり言っておくならば、自然という語は、ある種のモノが共通してもっている本源的な質、さらには、最初から安定し変わらない質という意味を長い間もち続けてきた。このように、モノにとって自然であるということは、普遍的なだけでなく、そもそも本来的に備わっているとも考えられており、物理学や生物科学の興隆とともに、モノにそもそも本来的に備わっている構成要素は次第に物質の構成要素の中にあると見られるようになった。それに対し、文化は、これまでずっと他との区別あるいは個別性の指標であり続けてきた。つまり、耕作《カルティベーション》の概念に起源がある文化《カルチャー》という語が指し示す固有の質とは、最初から与えられたものというよりはむしろ、開発されたもの、もしくは後天的に獲得されたものだとされている。したがって自然が固定されているのに対し、文化は成長や分岐、そして歴史的な変化にさらされている。自然が変わらずにあるということが物質状態の属性とされればされるほど、文化は、紙に書かれたアイデアのように、素材の上に書かれたものだと理解されるようになる。文化は、精神の模様のように見える。

文化と自然の二分法は、要するに、二つの対立項と向き合うことである。二つの対立項とはすなわち、特殊性と普遍性、精神と物質である。自然と文化に関する言説が巻き起こしてきた混乱と矛盾の多くは、二つの対立関係を切り分けて整理してこなかったことに由来する。例えば、生態学者や自然保護活動家は、自然を生物多様性の世界だとみなす一方で、心理学者は精神を認知の普遍性の領域だとみなしている。生態学者や自然保護活動家にとって、すべての生命体は異なっているが、心理学者にとって、すべての精神は皆似ている。では、人類学者はどうか？　人類学者もまた同じようなジレンマに囚われている。

自然界があり、人間は他の動物たちと同様、自然界の一部であると人類学者は認めている。しかし人類学者はまた、自然界を脱却すること、つまり、他のすべての生きものが捕らえられてきた自然のくびきを断ち切ってきたことは、人間にとって不可欠なことだと主張する。人間存在《ヒューマン・ビーイング》と人間であること《ビーイング・ヒューマン》は別物であるように思える。前者は、個別の種つまり**ホモ・サピエンス**として、動物王国を構成する無数の動物種のうちの一つであった。しかし、後者では、人間は動物を**超える**といっている。それでは、人間の自然／本性《ネイチャー》とは、一つの種の動物であることなのか、それとも、動物以上の状態に達することなのか？　この問いはまさに、自分がその一部をなす世界から離れて、いわば遠く離れたところから眺めることで初めて、自分自身のこと、自分が属している世界のことを知ることができる生きものであるという人間の窮状を露呈している。人類学《アントロポロジー》の名前の由来にもなっている**アントロポス**という語自体が、この苦境の概要を表している［訳注］。

哲学者ジョルジョ・アガンベンによれば、人類についての私たちの近代の概念は、「人類学的機械」から生まれたものである。人類学的機械は、私たちがもっている自己認識の

訳注：自然という普遍の一部であり、文化という特殊性を有するという二つの面に引き裂かれた人間を扱う学の名としてアントロポスという語が用いられている。詳しくは次の段落以降の議論を参照。

能力において、人間と他の生きものが住まう世界から容赦なく人間を引き離す。[*1] 私たちは自分自身のことを物質的客体の世界の中を漂っている人間的主体として考えているのだ。この分割は、人間存在の文化的な次元と生物学的次元の裂け目の源泉である。それはまた、これまでのところ、世界の内にある人間の生のより参与的な理解に到達しようとするあらゆる試みを妨げる障害でもある。こうした膠着《こうちゃく》状態を打開するためには、他ならぬ人類学的機械の解体が必須になってくる。人類学の任務とは、このような心構えのもと、人間という概念を**超えていく**こと、あるいは少なくとも別のやり方で人間という概念を捉え直すことだと私は確信している。そうするための第一歩は、自然と文化を答えとしてではなく、問いとして捉えることである。自然についての問いとは、人間はどのような点で類似しているのかというものである。つまり、なぜ人間はいつも大体同じように物事を行うのか？　また、文化についての問いとは、人間はどのような点で異なっているのかというものである。なぜ人間は異なるやり方で物事を行うのか？　例えばすべての人間は、幼年期を過ぎて、特に事故や身体的な障害がなければ、ふつうに二足歩行をするようになるが、習慣として頭の上に荷物を載せて歩くのはごくわずかな人々であるということに、私たちは気づくかもしれない。なぜそうするのかと尋ねることはもっともなことである。しかし、すべての人が二足歩行をするのは人間の自然《ネイチャー》／本性のためで、頭に荷物を載せて運ぶ人たちがいる（しかし他の人たちはやらない）のは、そのことが文化的なことだからと結論づけるのは、明らかに循環論法である。

人間存在について私たちが問う問いを表しているはずの自然と文化が、本当はそうではなく、人間の身体と精神に潜んでいる原因となる行為主《エージェント》を表しているのだと仮定するのは間違いである。そのように仮定すると、原因となる行為主が私たちの思考と行動を規定し、振る舞いの糸を操っていることになる。これらの行為主は、さまざまな名称で呼ばれてきた。人間の自然《ネイチャー》／本性はしばしば、「遺伝子の中に」あるといわれる。これらの遺伝子は、分子生物学者がゲノムと呼ぶもの――すべての細胞の核の中でDNAをつくり出しているひとつながりのヌクレオチド塩基（人間の体内に約三〇億ある）――と何ら直接的なつながりはない。それよりも、遺伝子は一般に「形質」と呼ばれる遺伝的な特性を示している。統合されてまとまると最終的に、これらの形質はある種の普遍的な人間存在の設計図になる。これと似たようなことが文化にもあてはめられてきた。その考え方とは、もし人間の自然《ネイチャー》／本性の普遍的な形質が遺伝子によって伝えられるならば、文化の特定の形質も、身体というより心に潜んでいて、遺伝的な複製というよりも模倣的な学習を通じて受け渡される情報の等価粒子によって特徴づけられなければならないというものである。生物学者のリチャード・ドーキンスにならって、こういった等価粒子を「ミーム」[*2]〔訳注〕と呼ぶことが近年一般的になっている。しかし、形質が遺伝子に対して割り当てられようがミームに対して割り当てられようが、最終的には同じ循環にはまり込んでしまう。なぜなら、この二つの概念を用いると、振る舞いの規則性として観察され描写されるものは、身体と精神の中に第一の原因としてあらかじめ組み込まれてしまっているからである。こうして、人間の思考と行動のしかたについての状況説明が、まるで手品のように、その原因説明へとすり替えられてしまう。遺伝子とミームの理論を提唱する者たちは、まさしく、人は物事を行うがゆえに物事を行うのだという発見をしたわけだ！

ところで、ほとんどの人類学者がいわゆる「差異への情熱」[*3]に突き動かされてきたということは否定できない。人類学者たちは差異をどのように示すかに興じている。というのも、私たちが自然だと考える人間の行動がどのようなものであれ、別のしかたで行動する人間は常にいるからである。人類学者たちは、人間性を「自然化する」試みに疑念を抱き、ほとんどの人が、**私たち**が自然だと思う物事を安易に自分以外のすべての人々に投影し、そんなことをしない人々を人間＝以下と呼んでいるのだと見ている。そのようなわけで、人類学者が真の普遍的特性を打ち出すのに神経質になりがちなのも何ら不思議なことではない。そのバランスを正そうとして、アメリカの人類学者ドナルド・ブラウンは、一九九一年の著書『ヒューマン・ユニバーサルズ』の中で、数百の属性を列挙したのだが、そこにはいかなる例外もないと主張している。[※4]それは一風変わったリストであり、「言語」、「シンボリズム」、「道具製作」といった主要なものばかりでなく、「髪型」、「エディプス・コンプレックス」、「蛇だ、周囲を警戒しろ」といったようなものまで含まれている。もちろん、ここに挙げられているものがどれも、あらゆる時代のあらゆる人間についての調査に基づくものでは全くないことは言うまでもない。そもそものような調査は実施不可能であろう。実際には、一部のものに関して言うなら、例外はいっぱいある。その一つが、「文化と自然の分割」である。前章で見たオジブワをはじめとする多くの人々は、私たちがいう自然と文化に相当する概念をもっておらず、西洋思想史の中で、自然と文化に対してずっと貼られてきた類の分割を彼らは拒絶するということを私たちは知っている。しかし、いかなる一般化に対してもいつも簡単に例外が見つかるとはいえ、より深刻な問題は、

訳注：文化を形成するDNAのような情報。人類の文化が形成されるプロセスを説明するための概念であり、例えば、習慣や技能、物語といった文化的な情報。

普遍的だと思われているものに付随する重要性に関わっている。私たちは、このことをいったいどのように考えたらいいのだろうか？

ブラウンの主な関心は、生得的なものと彼が呼ぶ普遍にある。それは私たちの祖先が何にもまして野生の動物を狩り、野生の植物を採集することで暮らしていた何十万年もの間——地質学でいう更新世［約二五八万年前から約一万年前まで。そのほとんどが氷河期にあたる］の時代——に、ダーウィンの唱えた自然選択のもとでの変異のメカニズムによって進化した人間の設計図の中にプログラムされたのだと、ブラウンは確信している。その頃、生は不安定なものであり、地上の生きものの数は少なく、捕食動物の存在は真の脅威たりえた。人々は、捕食動物に抜け目なく気を配らなければならなかった。また、一緒になって行動し、手製の道具を用いて身体能力を増強する必要があった。というのは、人々は自分たちが狩り、自分たちを狩る動物たちと比べると弱かったからである。言語コミュニケーションによって与えられた協同と自前の道具を設計し製作できることが有利に働いたと想像するのは難しくない。そのことのおかげで、裸足の狩猟採集民たちは毒蛇を警戒するというまぎれもない実践感覚をもつようになったのであろう。おそらく、お喋りをし、道具を製作し、蛇を恐れた人間たちは、より長生きし、そのことに比例してより多くの子孫を残してきたのだ。

おそらく、この人たちの末裔《まつえい》も似たような環境上の試練に直面し、似たような能力を発達させてきたのだろう。しかしこのことははたして、こういった能力が、更新世の環境条件のもとで進化し、結果として人間の組成の中に定着し、今日なおそれが残っているのだという結論の正当な根拠になるのだろうか？　現代の人間もまた、例外なく、同じ汎用性のある設計図をもっているのだろうか？　すべての人間は、言語を習得する装置や、自前の道具をデザインし製作する能力や、自動的な蛇警報器をあらかじめ備えて生まれてくるのだろうか？

ほとんどの人間が、幼少期を経て、話したり道具をつくったりすることができるようになるというのは、疑いようのない事実である。また、爬虫類展示のガラス越しに見る以外には、現実生活ではめったに蛇に出会わない私のような人間を含めて、たいていの人はたぶん蛇を怖がるだろう。どうやら私たちは銃や自動車よりもずっと蛇を怖がっているようである。今日の世界では、蛇よりも銃や自動車に危害を加えられる機会のほうがはるかに多いにもかかわらずだ。そうだとすると、私がたくさんの蛇に囲まれる悪夢を見て恐怖で目を覚ます時には、はるか昔の祖先たちの現実の経験が遠く離れた場所でこだまして、私の警報器が鳴っているのだろうか？　私たち一人一人の意識下に潜んでいる狩猟採集民が、前面に出てこようともがいているのだろうか？　要するに私たちは、石器時代から受け継がれた適応能力を用いて二一世紀の生の試練に立ち向かうよう運命づけられて現在にやって来た、人間進化上の過去の生きものなのだろうか？　今でも、文明の病の多くは、適応と試練という二つの不整合のせいにされることが一般的である。例えば、甘い食べものを本能的に好むことは、自然界に食料が限られていた時には適応的であったが、今日の糖類過多の栄養環境では肥満や糖尿病の急増の原因として、広く非難されるようになっている。また、攻撃性を示すことは、祖先の狩猟採集民にとっては、他の方法と比べて害を及ぼすことなく衝突を回避する、相対的に無害な方法だったかもしれないが、今日では猛スピードで走行する車や弾道ミサイルとも結びつけられ、車のあおり運転から、差し迫った水爆戦争の脅威に至るまであらゆることの原因とされ非難されている。

しかし、このように本能に訴えることは、一つの単純な理由から、根本的に間違っている。甘い物が好きであるという特性、あるいは（男性間の）攻撃性を示す傾向や蛇を恐れることさえ、誰もが生まれながらにもっているわけではない。それは、発達するのだ。それが確認できるライフサイクルのどの段階においても——幼少期であれ、あるいは小児期、青年期、成人期、老年期であれ——、本能は特定の環境における成長と成熟の過程を通じて出現するのだ。専門用語を用いるならば、この過程は**個体発生**として知られている。他のあらゆる種の生きものたちと同じように、人間には、個体発生的な発達の過程の中に現れるのではない属性や、能力や習性のようなものは何もない。繰り返すが、遺伝的決定の概念と同じように、私たちがすることを本能へと帰するのは、発達過程の結果をその原因と読み替えてしまうことになる。実際の生においては、環境の中で出くわす条件が、問題となっている諸個体に本来的に備わっているものと同じように、個体発生において形成的な役割を果たしている。これは、「自然／本性《ネイチャー》」よりも「環境因子《ナーチャー》」を優先させるということではない。人間存在が遺伝子によってつくられている**というよりむしろ**環境によってつくられていると言いたいのではない。また、それぞれの環境の個々の貢献を軽視するとか、逆にかなり環境に重きを置くとかいうことですらない。いのちをもつ他の生きものたちと同じように、人間は内的な要因と外的な要因、すなわち遺伝子と環境の間で起こる相互作用の産物ではない。人間とは、結果ではなく、一区切りなのである。人間は、人間が直面する条件――過去に自分自身と他者の行動によって累積的に形づくられた条件――に、あらゆる瞬間に反応しながらつくられる自らの生の産物である。

　したがって私たちは、人間の差異とは、環境の経験のおかげで、私たちが最初から共通にもっている普遍の土台の上に加えられるものだと考えることはできない。人間の生は、一から多への道行きではない。あるいは、しばしば強調されるように、自然《ネイチャー》／本性から文化《カルチャー》への道行きでもない。言語を例に取ってみよう。たいていの大人は、話す能力を共通にもっているが、話しかたは驚くほど多様である。多くの言語学者は、万人に共通のいわゆる「言語獲得装置（ＬＡＤ）」が心の中にあらかじめ組み込まれているために、この多様性が可能になっていると主張する。人間は、「言語を生み出す本能」[※5]を与えられているとさえいわれる。しかし、言語獲得装置はどこからやって来るのか？　それが「遺伝子の中に」あるというと、前述したような循環論法に陥ってしまう。言語獲得のための心の装置があるとするならば、それは初期発達段階に生じるということなのであろう。しかし実際には、幼児は、すでに共同体の特徴的な発話の音で溢れ返っている環境の中で育つ。それらは特に母親の声という音であり、幼児は生まれ出るずいぶん前から、それを聴いている。実際、その音は子宮の中で胎児へと育つ段階で、自分自身のことを聴く音なのだ。したがって、一般的に言語を獲得するための生得的な能力の発達と、個別言語あるいは後天的に獲得される言語を話す学習能力とを、あたかも前者が後者を準備し、後者の土台となるかのように切り離してしまうことはできない。差異化は最初の時点から存在する。

要するに、話すのを学ぶとは、生まれ落ちた場所にいる人々のしかたで話すのを学ぶことである。それは、あらかじめ確立されている普遍の言語のレイヤーの上に、個別の言語のレイヤーをもう一つ付け加えることではない。同じことは、私たちが関心をもって取り上げる他の能力についてもあてはまる。例えば、地面の質や、(履いているのであれば)履き物の組成と、年齢や性別・身分の違いから、ふさわしい歩き方がどのようなものであるのかという変数によって、人々はさまざまなしかたで歩くようになる。しかし、これらの差異は、最初から何らかのかたちで組み込まれた、二足歩行の普遍的な能力に対して付け加えられるものではない。あなたが歩くようになるということは、あなたの歩くしかたで歩くようになることである――さらには、それはけっして完成することがなく、ある部分は他者の支えや交わりによって、またある部分は絶えず老いていく身体の変わりゆく生の力学に応じて、生涯を通じて続いていくプロセスである。私の父は、自分は四つ足で生まれ、最初二本足に、次に杖を持って三本足に、最後は歩行器を付けて六脚の昆虫のようなものへと進化したと、よく言ったものだ。こうした運動能力の変化は、ある環境における実践と訓練を通じて父の身体の上に刻みつけられていたのではなくて、身体の中で――**作業様式**の中で――増大したのである。このように、身体性と個体発生、特定の技能の獲得と人体の発達は、文化的な条件づけと生体の成長の分割の両極に分かれているのではない。それらは同じ一つのものなのだ。私たちの身体とはすなわち私たちのことであり、私たちは身体なのだ。身体が老いれば、私たちも老いる。

生を進めながら人間存在をつくり続けることは、けっして終わることのない任務である。私たちは絶えず自分自身を創造し、互いを創造し合っている。この集団的自己形成の過程が**歴史**である。私たちが行っている事柄のうちに、次世代が成熟する条件を確立していくことによって、私たちは歴史的に私たち自身を形成している。こうした条件が変わると、私たちもまた変化する。私たちは、先人の知ることのない属性や能力や適性を発達させている。車輪という歴史的発明が一つ起こったおかげで、今私たちにいったい何ができるようになったのかを考えてみよう。一つは、自転車に乗ることである。自転車に乗ることは身体の技術であるが、今日では非常に広く普及しているため、私たちは、歩くのと同じくらい人間が自転車を漕《こ》ぐことをほとんど自然なことであると考えている。しかし、自転車に乗れるようになるための技術は、自転車や、二輪で走れる道、後押ししてくれる誰か——たいていは親——といった必要な条件がそろって初めて発達しうる。そして、発達のための条件がもはや存在しなくなれば、私たちは能力も失うことになる。今日では、手書きをする能力がない子ども世代が育ってきている。現代のデジタル時代では、手書きで字を書くことが生活上必要な技能だとみなされなくなりつつある。未来世代が歩く能力を失う時がやってくるかもしれない。宇宙飛行士にとっては、その危険性がすでに現実のものとなっている。したがって、現在の私たちと同じような人たちが過去や未来に住んでいると考えるのは大きな間違いである。ちょうど私たちが遠い昔の祖先と体の仕組みとしては同じでないように、私たちの遠い子孫も私たちと同じではないだろう。

さらに、歴史は、進化した人間の自然／本性《ネイチャー》という基礎の上に建つ大建造物のように建つのではない。この自然／本性《ネイチャー》を説明しようとするほとんどの試みは、より子細に見れば、近代の価値にどっぷり浸かった歴史家たちが、美術や技術や科学や理性のようなものを含む、人間性の理想的な達成であるとみなすものの、いささか歪んだ肖像にすぎないということが分かる。種の遺伝的な源に組み込まれているとされる、私たちが今日できるあらゆることをする能力を、狩猟採集民だった私たちの祖先たちに投影してみることで、歴史とはこうした能力が立派に遂行されてきた輝かしい過程であると立証されるわけだ。かくして、三万年ほど前の洞窟の壁に残る壁画は、ヨーロッパのルネサンスに絶頂期を迎えた美術の能力を明らかにしているし、同じ頃に同じ場所で出土した石器は、マイクロチップを用いて頂点に達したテクノロジーに対する能力を明らかにしているし、その壁画や石器をつくった人々は、ニュートンやアインシュタイン並みの能力をもっていたのだと主張される。しかし、「人間の進歩」と広くみなされている、この決定的にヨーロッパ中心主義的な見方は、たまたま近代の進化の神話に合致しない歴史をもつ人々の達成を脇に追いやってしまう。彼らにはできないけれど自分たちにできることを、種に対する普遍的な能力の、私たちのうちでの、より大きな達成に帰する一方で、その見方は、私たちにはできないけれど彼らにできることすべてを、文化的伝統の特異性へと格下げする。そういうわけで、人間の自然《ネイチャー》／本性は、私たち自身の優越性への信仰を支える支柱程度の役目しか果たしていないのである。

名目上「西洋の」社会に生まれ育ったほとんどの人々と同じように、私は椅子に座ることには慣れているが、しゃがむ姿勢にはひどく座り心地が悪く感じる。私は歩くことはできるが、頭上に荷を載せてバランスを取りながら歩く（図2参照）ことはできない。読み書きはできるが、叙事詩を諳《そら》んじることはできない。私がしつけられたことに偏りがあったかどうかはともかくとして、しゃがんだり、頭の上にモノを載せて運んだり、叙事詩を語ったりすることを、西洋以外の文明の人々の間で、わが文明よりも完全に発達した種全体

図2　エチオピアのアディスアベバ近くにあるエントト山の下り坂を、
ユーカリの枝の束を頭上に積んで運んでいる女性たち。
彼女たちは都市で、料理に使われる木を売ろうとしている。
マニュエル・ラモスによるスケッチ。画家にして民族誌学者のラモス提供。

の素質であると私が認めたくないのはなぜか？　この偏見を克服する唯一の方法は、そのようなすべての才能を、人間が過去に行ってきたことと、その後に続く人間たちが将来行っていくであろうことのすべてを行う包括的な能力の下で分類してみることだ。人類学の常套句で、この能力は「文化に対する能力」と呼ばれている。人間の生の形式が実質的に際限なく変わりうる一方で、こうした形式を獲得する能力――すべての人間がはじめから備えている真の普遍――は、万人が共通にもっていると主張され続けている。人間が生まれ落ちる共同体の言語を獲得するのとちょうど同じように、人間は共同体の文化を獲得することを自然にあらかじめプログラムされているとされる。どのようにすればいいかを本能として知っている他の動物たちとは違って、人間存在は学ばなければならない。学ぶ機会が不足すると、個人の成長は止まり不活発な状態になる。人間独自のものである文化は、自然《ネイチャー》／本性が私たちに与えてくれるものと、私たちが世界の中でうまく機能するために必要とするものとの間の不足を埋め合わせてくれるといわれる。

これは、約五〇年前にアメリカの人類学者クリフォード・ギアツによって表明された、人間の条件について繰り返し言われる見解であるが、その中でギアツは、「われわれ人間に関して最も意味のある事実の一つは、われわれはすべて何千種類もの違った生活を営む自然の装置をもって出発するが、結局はただ一種類の生活を営む結果に終わるということであるかもしれない」[※6]と結論づけた。この見方では、人間の生とは、徐々に能力を満たし可能性をせばめていくことを伴いながら、普遍から個別へ、自然に与えられるものから文化的に獲得されるものへと動いていくものということになる。しかし、私たちの意見は真逆である。生とは、閉じる動きではなく開いていく動きであり、目の前に置かれているかもしれない限界を絶えず乗り越えていくものである。したがって、身体技法や心の習慣を含め、生のための私たちの装置は、すでに出来上がったものなのではなく、他者とともに、あるいは他者と並んで行う活動のるつぼの中で、常に鍛えられるものなのである。例えば、歩いたり話したりする子どもたちの能力は、先へ進み、仲間たちと歩調を合わせ、彼らの注意を引き、自分を理解してもらおうとする無数の努力の真っただ中で、成長する身体のうちに発達していく。もし、ほとんどの人が成長し、歩いたり話したりするようになるのだとすれば、それは二つのことをする能力が、最初から与えられている能力によって補強されるからではなく、即興的に動いたりコミュケーションを取ったりすること――環境の条件下で、また仲間たちの助けによって――が、収斂《しゅうれん》する傾向にあるからだ。人間の自然《ネイチャー》／本性に対する問いへの答えは、この収斂の中にあるのであって、人々が最初から共通にもっているものの中にはない。

それゆえ、人間の生は、自然の中で統合されて始まり、文化によって分割されて終わるのではない。「幼児は、どこにいても皆同じだ」[※7]という――進化心理学者ジョン・トゥービーとレダ・コスミデスの言葉にあるような――ばかげた主張に頼らなくてはならない説明図式には間違ったところがあるにちがいない。すべての幼児が異なるのは、その固有のゲノムのためではなく、個々の幼児が、共同体の生に没入し環境と関わり合っている未来の母親の子宮の中で妊娠形成期を経験した後に、特定の時空の中に生まれ落ちるからである。刻一刻と変化するこの世界に投げ出された私たちは皆、他者の生の様式に合流し、そして分岐する――むしろ河川デルタの流れのように水流の流れを断ち切り、その時その場からまた進み続けていく――以外にないのである。合流と分岐は、生のサイクルが続く間、手を取り合って進んでいく。それゆえ、生まれた時は皆同じであったように、生の終わりに近づくにつれ、互いに違いがなくなっていくのだ。ゆりかごから墓場までの道行きを通じて、人々はともに進んでいくまさにその過程の中で、自分自身と互いとを区別していく。例えば、かつては一家団欒の親しみを分かち合っていた兄弟姉妹の生は散り散りになり、最終的には、他の生と結びついて自分たち自身の家族を打ち立てる。彼らの同一性こそが分割する。逆に、差異は、私たちすべてを結びつける接着剤である。

もしこのことが今日の人類学の教えであるならば、五〇年ほど前にケンブリッジ大学で人類学を専攻する学部生だった私が教わったこととは違っている！　当時、差異は分離を意味するのが常識だった。差異は、方針や人々を区別できるということに関わるものであり、人ができることはただ、こっちとかあっち、あるいは解像度が高いとか低いといったカテゴリーに分けることだった。したがって、動物が種のレベルで区別されるならば、同属としてグループ化されることになる。あるレベルでは、違ったやり方で物事を行う人々に対抗する時に、同じやり方をするということで自分たちを類別する人々が、別のレベルでは、その違いを無視してこうした他者たちと一致団結することで、さらに違っている他者と対抗することになる。入れ子状の断片に世界を秩序化することが、人類学の原則に接近するのに重要なことであると、私たちはたたき込まれた。当時の私の師はエドマンド・リーチだったが、彼は傑出した社会人類学者であることに加え、著名な知識人でもあった。一九六七年にリーチは、『走り去る世界？（*A Runaway World ?*）』と題して、BBCラジオのリース・レクチャーズ〔訳注〕を行った。ある回の講義で、彼はすべての差異が対照的であるというのは、人間に関する事実であると宣言した。「**私**は、**他者**と対比されるような集合的な**私たち**と自分自身を同一視する」[※8]。「彼ら」なくして「私たち」はないと、リーチは聴衆に向かって言った。私たちは、こうすることにおいて同じであり、彼らは、ああすることにおいて同じなのだ。分割された世界では、差異は、彼らと私たちを分かつ境界線の上に押しつけられるのだ。

これが自己同一性がある場所――そこでは、私たちは皆同じか同一的であるとされる

訳注：初代総局長であるジョン・リースを記念して一九四八年以降、毎年BBCで放送されている思想家の連続公演。

——なのだろうか？　ここに、つまり私たちが皆同じあるいは自己同一的であるもののうちに、自己同一性はあるのだろうか？　自己同一性は、内集団のメンバーとして私たちを分けるのだろうか？　差異は、自己同一性の縁にあるのか、あるいはその中心にあるのか？　これらの問いは、私たちの時代の最も困難な問いの一つである。というのも、これらの問いは、世界における私たちの居場所とか、私たちは自分を誰だと思うのかについての、基礎そのものに触れているからである。私が何者なのかと問われたならば、私は自分の物語を語るだけでその問いに十分答えることができる。それは、これまでの私の生の歩みの中で、私の周囲の人々や、私が住んだ場所や、私がつくったり使ったりしてきたモノとともに、私が享受してきた関係性についての物語になるだろう。私は私の存在をそれらに負っているのであり、それらのほうも、ある程度はその存在を私に負っているのである。あなたの物語はもちろん私のものとは違っているだろう。しかし、この文章をあなたが読んでくださっているのと同じくらい確かに、私たちは、社会関係の風景を旅する道連れでもあるのだ。地形学的な風景の中で、人は境界線を越えることなく、場所から場所へと渡り歩くことができる。差異をつまらない同一性に譲り渡すのではなく、ある場所を人から人へ手渡すこと——つまり、人々が**共通の場**《コモンプレイス》［ここでは「ありふれた日常」という意味で使われている］をつくること――は、同じく可能ではないのか。もし、あなたや私、そして私たち以外の残りの人すべてがすでに同じだとしたら、私たちはどんな会話をすればいいのか？　どんな感じの会話になるのか？　私たちは異なるモノを、つまり経験や見解、技能などをテーブルに持ち寄るからこそ、それらは共有されるモノとなる。

実際には、「community（共同体）」という言葉そのものが、ラテン語のcom（「共に」）とmunus（「贈り物」）からなり、「一緒に生きること」を表すだけでなく、「与え合うこと」をも意味する。私たちが共同体に属しているということは、私たちがそれぞれ違っていて、与えるものをもっているからである。それゆえ、共同体における自己同一性とは、根本的に**関係論的**である。私たちが誰であるかは、集合的な生のもちつもたれつの中で、どこに自分たち自身を見い出すのかということの指標である。しかし、この自己同一性の感覚は、市民の間の差異を許容せず、むしろ義務と権利の平等を要求する近代国家の構成と厳しく対立する。市民にとって、自己同一性とは、他者や共同体や場所に属することに関するものではない。それはむしろ、あなたに属するという**属性**のことであり、あなたが所有し、また盗まれることすらある権利や所有物のことである。自己同一性の概念の潜在的な起爆力と政治的混乱を引き起こす能力は、その概念の二つの意味すなわち関係論的な意味と属性的な意味の矛盾にある。それは、共同体が国家権力の脅威にさらされていると感じる時に現れる傾向のある矛盾である。そのような時に人々に求められるのは、属性的な面で差異の感覚を主張することだ。このことは、自分たちに属する内的に継承された性質の外向きの表現として、所属の感覚を引き出す関係性そのものをつくり直すことである。それは、共有された遺産あるいは文化的な本質を守るために、彼らに対抗して一致団結する「私たちのような人々」として、共同体の「私たち」をつくり変えることなのである。エスニシティという現象のルーツは、この中にある。

しかし、もし「私たち」が共同体であるならば、「彼ら」とは誰なのか？　私たちが私たちの存在を他者に負っているならば、彼らは負っていない。私たちが世界の中に居場所をもっているならば、彼らはもっていない。語るべき話が私たちにあるなら、彼らにはない。誰からも恩義を受けず、住む場所をもたず、思考と表現の中で普遍性に関わる彼らとはいったい誰なのか？　彼らは、近代の原型的な代表者であり、私たちが「西洋」と呼ぶところの市民である。人類学のパラドックスの一つは、人類学が、非西洋の人々の生と時間について多くのことを言う一方で、西洋の人々についてはほとんど何も言わないということである。たいていの場合、西洋は特定の時空を生きている人々の経験の特殊性を際立たせるための引き立て役として引き合いに出される。西洋は、「外部世界」、「より広い社会」、あるいは単純に「多数派」である。イギリスやアメリカ合衆国のような、名目的に西洋社会と名乗っている国々の住民たちでさえ、人類学のレンズを通して見るならば、完全に非西洋的に見えてしまう。分かったのは、西洋人たちは、彼らの不在によって常に目立つということである。というのは、実際には、西洋人はいまだかつて存在などしてこなかったからである。哲学者も政治家も、近代の普遍的な価値を声高に叫ぶが、実際はそれにのっとって生きるようなことは不可能なのである。合理的で徹底的に自己本位であるコスモポリタンは、どこにも誰にも属していないのであり、その点で、近代西洋人とは想像の産物である。あるいは、哲学者ブルーノ・ラトゥールが、有名な著書のタイトルに付けたように、「私たちはこれまで近代人であったことはない」[*9]。では、このラトゥールの著書のタイトルにある「私たち」というのは、いったい誰なのか？

もしそのような性格が存在しないのだとしたら、私たちが西洋人だということはありえない。あるいは、もし対立する人間が誰もいないのであれば、非西洋人であることもありえない。たぶん、私たちは人間存在であるとあなたは言うだろうが、そのことは、私たちが人間以外の存在に対して種全体として、ただ私たちが皆よく似ているというだけの話にすぎない。ところが、自己同一性への関係論的なアプローチは、「私たち」が何を意味することになるのかということについての根本的に**非＝対立的**な理解——西洋とそれ以外、さらには人間と自然というしぶとい分極化から、ついに逃れることが可能になるような理解——を開いていくのである。私に似ている人すべてとそうではない人すべての境界線から内側に跳ね返ってくるのではなく、「私たち」は、この意味で私が今置かれている場所から無制限に諸関係の風景の中へと達することになる。そのアプローチは包含も排除もせず、**広がっていく**。それは、共通の基盤を探すことであって、既存の遺産を守ることではない。それは、他者との接触に免疫を授けるというよりもむしろ、私たちを他者へとさらすことなのだ。この「私たち」とは、諸関係で結びつく共同体だが、差異によって結びつくことはない。ここでは、差異と類似が、互いに他のものになったりともにやって来たりして、手を取り合って進んでいく。そしてもし私たちが一日の終わりに一つの世界だけに住んでいるのであれば、それは、この世界がまた、地球規模の人間性の自然保護区でもなければ、普遍の台座でもなく、無限かつ絶えず創発する歴史的な変奏のフィールドだからである。私が本書の冒頭で「どのように生きるべきか？」という問いを投げかけたのは、その出自がどのようなものであれ、まさにこの世界の住人たちに対してなのである。というのも、彼らとは私たちのことであり、人類学の言う「私たち」だからである。

第 3 章

ある分断された学

私は、科学者になるものと思われていた。しかし一九六六年に大学での勉強を始めた時、科学は何かがすごく違うのではないかと私は思い始めたのである。表面上は、開かれた原理と全人類のための知識の進展に関わってはいるが、科学は——少なくとも、それが私たちに教えられるやり方においては——矛盾をきたし、知的に閉じており、経験からかけ離れた目標を追求することにひたむきだった。当時はベトナム戦争の最中で、科学が民主的原理を明らかに放棄していることと産業軍事力の巨大機構に従属していることに、多くの友人の学生たちは憤慨した。私もまた、科学研究が応用されるやり方に対して、科学の学会組織が何の責任も負おうとしないことに立腹した。科学の学会組織にとっては、科学研究の応用とは、政治家であれ、軍人であれ、産業資本家であれ、常に他人の関心事なのだった。しかし私を最も悩ませたのは、科学の不動の地位に浸透しているまったき傲慢さであった。科学がうまく技術的解決をもたらすことができない問題などないというのだ。科学の進歩による化学的な影響、発癌性物質や放射能の影響に最も直接的にさらされた人々の苦しみを前にして、その反応は決まって、科学こそがその治療を探りあてる方法たりうる、というものだった。その頃、地球温暖化の問題はまだ現れてはいなかった。しかしそうした傲慢な過信の態度が、全地球を統制する新しい時代に先駆けて、人類のために全地球があるのだと確信している地質工学の予言者たちの間にずっとあった。

そのスペクトラムのもう一方の端にいたのが、人文諸学の研究者たちであった。彼らは、気の短い私のような学生の目には、驚くべき独りよがりに苛《さいな》まれているように見えた。図書館に保存された資料に頭をうずめて、とっくの昔に消えてなくなってしまった世界の奥義の中へと沈潜する彼らもまた、現代の人間の条件を脅かす火急の問題に対処する準備ができていないように思えた。彼らには、生の現実にあまりに接近しすぎているものは、今日経験されているように、あまりにも熱すぎて扱うことができないように思われた。こうした研究者たちと科学者たちの間には、打ち解けないところがあった。両者は、ほとんど言葉を交わさなかった。このことを顧みて、広がっていくいっぽうに見える自然科学と人文学の分断は、西洋の知的な歴史の大いなる悲劇であると、私は確信するようになった。こうした悲劇に関して言えば、その分断は、確かな必然性を伴いながら展開していたのである。そのことは、古典時代から西洋思考の伝統に見られる特徴ではあったが、自然から人文学を、また世界の中にいる方法から世界を知る方法を切り離すことによってなされていたのである。そしてその分断は、すでに見たように、人間的なるものという私たちの概念そのものの中に根ざしていた。私が大学で勉強を開始した時にはたんにおぼろげな直観にすぎなかったのだけれども、この分断は人文学の自己破壊によってしか終わらないという虫の知らせのような感覚を抱くようになった。その人文学の自己破壊が、私を最終的に人類学へと引きずり込んだのである。ここには、二つの面をもう一度統合しながら、つまり人間存在《ヒューマン・ビーイング》を人間であること《ビーイング・ヒューマン》にもう一度結びつけながら、しかも生きられる経験をけっして見失わない学があると私は思ったのだ。

　達成感も得られないままに、大学で自然科学の本を読むという一年を過ごした後に、私は人類学に転向した。それからは、けっして振り返ることはなかった。私はますます関心を自然科学から人類学へと移していったのだが、人類学それ自体も結局のところ、私が乗り越えられるべきものと考えていたその分断そのものによって引き裂かれていた。自らを社会人類学者とか文化人類学者と称したり、民族誌家と称したりする研究者がいる。また形質人類学者とか生物人類学者とか、人類進化の研究者だと自称する研究者がいる。前者は、哲学や文学研究から歴史や比較宗教学までの人文学の他の領域に精通している。後者は、進化心理学者、神経科学者、行動生物学者や古生物学者とうまくやっている。しかし両者の間ではめったに話をしないし、話をすると、互いの対立の根深さを再発見することになる。その構図をますます複雑にするかのように、それぞれの関心、研究の流儀と研究発表の場をもつ、あらゆる種類のその他の人類学者が、ここ数十年で出現するようになったのである。順不同で並べれば、医療人類学者、映像人類学者、環境人類学者、認識人類学者、開発人類学者、デザイン人類学者、都市人類学者、歴史人類学者、法人類学者、電脳人類学者がいる。人類学者と名乗る研究者はまた、タイトルに「人類学」がない研究領域で研究をしている。物質文化研究、博物館学、科学技術研究（ＳＴＳ）である。初心者にとっては、この多様性はひどく悩ましい。その学は最終的にとても多くの不格好な断片に破裂してしまっていて、ハンプティ＝ダンプティのようにもはや再び一つにまとまることなどないのだろうか？　これらすべての人類学の背後に、何かしらそれらをまとめ上げるものがあるのだろうか？

少なくとも潜在的には、これらの増え続ける糸を一本のロープに束ねるような何かがあると信じなければ、人類学について、しかもそれがなぜ重要であるのかについての本を書くことなどできなかった。しかし、その何かとは何なのかを知るためにまずは立ち戻って、原初の時点における人類学の会話に加わり、その後に起きた浮き沈みを追ってみる必要がある。人類学が、統合された「人間の学」を打ち立てるという壮大な野心とともに始まったのに、結局はばらばらになってしまったのはなぜなのかを理解するのは重要なことである。未来に向けて人類学を再構築するためには、過去の教訓から学ばねばならない。教訓はいつも肯定的なわけではない。たいていの学問は、自らの過去を誇りに思っている。学問というものは、著名な学祖、来るべき偉大な物事の礎《いしずえ》を築いた、先見の明のある人物たちを褒め称えようとする。カツラをつけ、ヒゲを生やした風貌が教科書のページを飾っている。しかし人類学は、そんなに立派なものではない。私たちの学祖は、かなりの数の空想家、変人、人種主義者と頑迷な人々を含む有象無象《うぞうむぞう》であった。私たちの戸棚は、博物館をいっぱいにする、世界中の人々から盗んで持ち帰られた、縮み首から儀礼の道具一式は言うに及ばず、文字通りの骨格標本だらけなのである。ゴールを目指すレースというよりは、一連の間違ったスタートのようなものとして読まれうる、頭骨計測者、宝物あさりや文化泥棒の連中のことを光栄に思うことなどない。人類学を大衆的な観点から理解しようとすれば、私たちの多くが忘れてしまいたいと思っている過去に、私たちはいまだにつきまとわれているのだ。

現代の学術の殿堂に鎮座する多くの学と同じように、人類学は理性の時代の申し子である。それは、一七世紀と一八世紀のリベラルな哲学者や知識人たちによる宗教教義と政治の暴政の拒否に随伴する思想の発酵の真っただ中で育ったのである。彼らは、ヨーロッパ思想史において、啓蒙主義として知られるようになる運動を導く光であった。啓蒙思想家たちは、合理的な探究、精神の寛容および個人の自由という理想に力を注ぎながら、迷信や教義から人間性を解放することを、偉大な文明化の使命であると考えた。それは、高貴な仕事であったが、マイナス面もあった。というのも、文明の大きな物語は、どこかで始まらねばならなかったからである。それは、人間性の劇的な向上が始まった最初の状況を推測せねばならなかった。文明にまで引き上げられるためには、人間はかつて未開でなければならなかったのである。このことが、この原初の自然において生がいったいどのようなものであったのかに関する、多くの思索へとつながっていった。「卑劣で獣のようで短命」というのが、事実上、イギリス啓蒙主義を立ち上げた、トマス・ホッブズの有名な結論であった。彼の同国人であったジョン・ロックは、自然から滋養《じよう》を引き出す人間が得るものを、獣とは違って、「財産をもち始めた」と言われるのがいったいいつの時点だったのかを知りたがった。海を隔てたフランスでは、ジャン゠ジャック・ルソーが、自然児あるいは野蛮人の平等性と自尊心（*amour propre*）を賛美したのに対し、スコットランドでは、アダム・ファーガソンが、理性的な人間によって享受される市民の自由のために野蛮人の自由を放棄したことがいったい何を意味したのかを考察した。

これらの推論にはほとんど証拠がなかった。野蛮人とは、アメリカや、その後にアフリカ、東インドとオーストラリアで建設される植民地における土着の人たちの暮らしをめぐる、しばしば身の毛のよだつような旅人の話で多かれ少なかれ脚色された、衒学《げんがく》的なヨーロッパの精神による発明であった。当時、人間の多様性の全域についてはまだ分かっていなかったし、これらの土地の住民たちは、本当に人間存在なのかどうかについての議論が盛んに行われていた。全動物界を網羅する分類図式の中で、霊長類目ホモ属に人間存在を分岐させる重大な一歩――同時代人たちからは突飛なことだと考えられた――を踏み出したのは、偉大なスウェーデンの博物学者カール・リンネであった。しかしホモ属が何であるのかを特徴づける印についての合意はほとんどなかった。例えば、尻尾のある人間に似た生きものについての報告が流行ったことがある。それらは、人間だったのだろうか？エキセントリックなスコットランド人の裁判官ジェームズ・バーネット、別名モンボドー卿は、それらは人間であると論じた。一七七三年初版の『言語の起源と発展について（*Of the Origin and Progress of Language*）』と題する六巻本の最初の巻でモンボドーは、リンネの論文で彼が見た人間のタイプを描いた彫版について論評した（図3参照）。洗礼を受けた堕天使には尻尾があった。モンボドーは喜んで堕天使を人間だと認めた。読者の疑い深さを見越

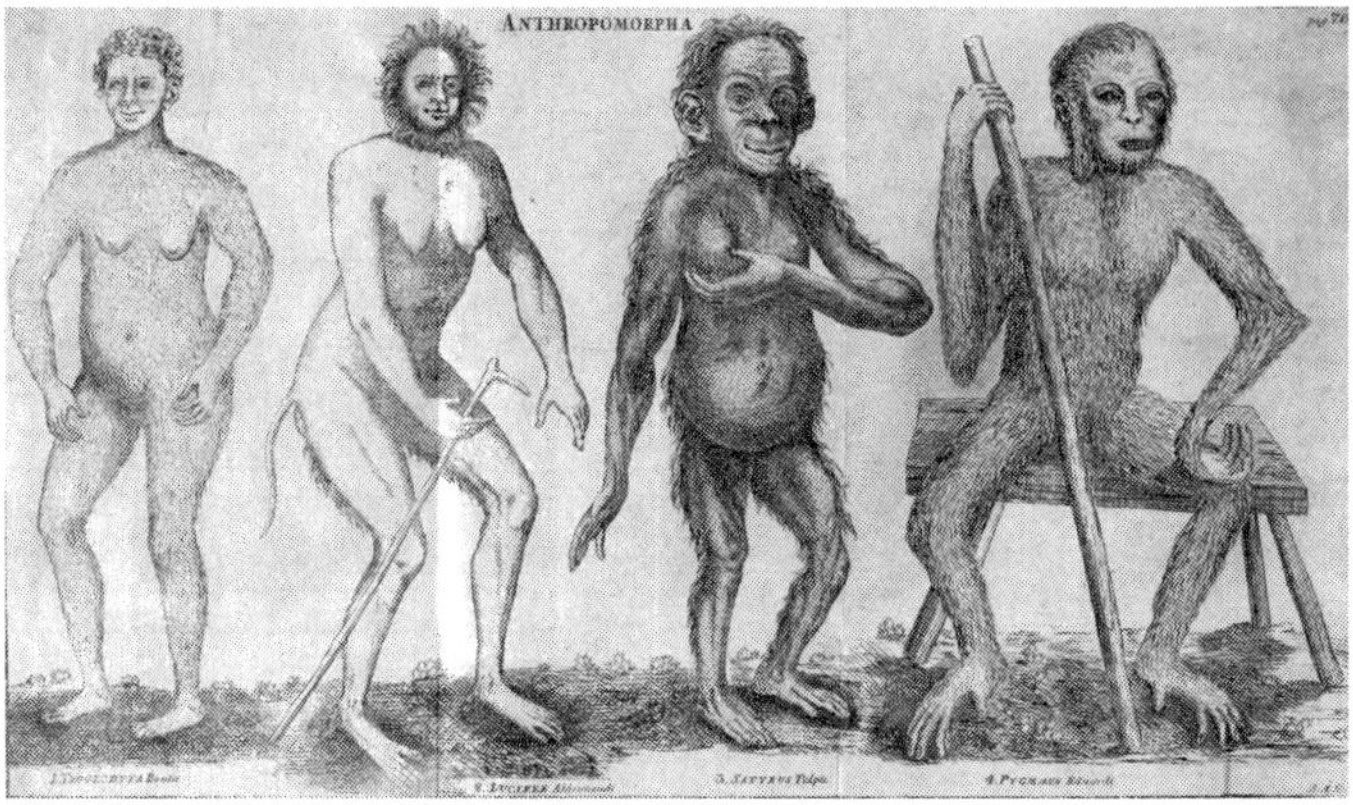

図3　「ヒト形目」。クリスチャン・エマヌエル・ホピウスの
Amoenitates academicae (1763)より。
堕天使は左から二番目の絵。

して、人間がどのようなものであったのかについて、自分たちが慣れ親しんだ考えにけっして囚われないようにと、彼は読者たちに警告したのだった。読者が尻尾のある人間など見たことがなかったからと言って、そのような生きものが存在しえないということにはならなかったのである。

モンボドーは間違っていた。解剖学的には、人間には尻尾などなかった。その堕天使は、一六世紀の博物学者ウリッセ・アルドロヴァンディの作品から模写されており、堕天使の作者――ホピウスという名で、リンネの弟子――は、自分の絵が、猫の尻尾のある人喰いという想像上の部族の一人を描いたものだと考えていることが明らかになった。しかしおそらく、モンボドーは正しい理性をもちながら、間違ってしまったのだ。リンネと同じように、モンボドーは、人間を見分けることができるのは唯一、人間に尋ねることによってであると結論づけていた。サルと人間は、同じように見えるかもしれない――どちらにも尻尾がない――が、人間だけが自分たちが何であるかを知っている。このことは、人間が創造主によって、作動する身体だけでなく、知力あるいは理性という贈り物、すなわち**精神**を授けられたからだと、リンネは考えた。サルには哲学者はいない。でも疑問は残っていた。この精神というものは、進歩するものではないか、つまり精神をもつ者は、一定の解剖学的な形態の範囲内で、野蛮から文明へと引き上げられうるのではないのか？　脳と身体は、学習の負荷に耐えるようにあらかじめ設計されていたのではないのか？　精神の進歩は、肉体的な体格の改善にさえつながるのではないのか？　そうなりうると信じていたのは、**ビーグル号**の船長ロバート・フィッツロイである。南米最南端のティエラ・デル・フエゴ島に停泊している間に四人の原住民の一行がたまたま乗船してきた。フィッツロイはその時意を決して、彼らをイギリスに連れ帰り、イギリスの流儀で教育した。数年後に彼は一行を故郷に帰し、言葉を広めさせようとした。

再び同じフィッツロイ指揮の下、フエゴに戻る航海で**ビーグル号**に乗船していたのが、若きチャールズ・ダーウィンである。ダーウィンは、彼の「フエゴへの」旅の道連れたちに好ましい印象を抱き、彼らの精神力はダーウィン自身のものと比べてそれほど劣っているわけではないと見た。彼らは身なりがよく、上品で思いやりがあった。だが、**ビーグル号**が一八三二年四月にティエラ・デル・フエゴに戻った時、ダーウィンは衝撃を受けた。そこで出会った原住民たちは、身なりがとてもだらしなく、自分と同じ人間であるとはほとんど信じることができないくらいだったと、ダーウィンは回想している。こんなにみすぼらしい生きものに出会ったことなどないというのが、彼の評価だった。ダーウィンの日誌に書かれていたのは、「唖然とした」「胸が悪くなる」「汚らしい」「怪しい」「暴力的な」といった言葉ばかりだった。言語といったら、カチッという音とブーブーいう音だけだし、道徳感情あるいは礼儀ときたらまるでなっていなかった。その遭遇体験をダーウィンはけっして忘れることはなかった。フエゴ島の海岸で原住民の一団を最初に目にした時、私たちの祖先はこんなだったのだろうか、私たちはむしろサルやヒヒの系統を引いていはしないだろうか、という考えが突如浮かんだと、四〇年後に『人間の由来』を書きながら彼はなおも回想している。これらの哀れな人たちは、地球上に見られる人間のうちで、きっと最も低い状態を表しているにちがいないと、彼は考えた。さらに、この堕落した品性こそが自分の議論の論拠になるとも思ったのである。その議論とは、人間と人間よりも下等な動物とを分ける隔たりは、とても小さいので簡単に埋めることができるし、さらにその隔たりは野蛮人と文明人を分けるものと根本的に何ら変わらないというものであった。

『人間の由来』は一八七一年に出版された。その本でダーウィンは、初期の著作『種の起源』〔一八五九年初版発刊〕ですでに表明していた原理を人間にまで拡張しようと努めた。その試みには矛盾がないわけではなかった。『種の起源』では、下等から高等形態への必然的な進化を仮定せずに、いかに多様な種類の有機的身体がさまざまな生の条件に適応するようになったのかがもっぱら扱われたが、『人間の由来』ではとりわけ、最下等の動物において精神が最も原初的なものとして出現し、人間文明においてその頂点に到達するまでの発展が取り上げられた。ダーウィンは、私たちが自分自身の中に認めている知力が人間だけに限られたものではなく、動物種の全範囲にわたってあるものだと確信していた。下等のミミズでさえ原始的な知性をもっていると、彼は考えた。人間と動物の隙間を埋めるにあたって、ダーウィンは人間を格下げするのではなく、むしろ動物を格上げしたのである。実際、動物学者、古生物学者にして忠実なダーウィン主義者トマス・ヘンリー・ハクスレーは、この点に関するダーウィンの主張を自著で述べている。一八六三年に出版された「自然における人間の場所」に関するエッセイの中でハクスレーは、私たちと他の動物たちを分かつ絶対的な分割線などないというだけでなく、物理的な特質にあてはまることは、精神的な特質についてもあてはまると宣言した。実際には、「感情と知性の最も高等な能力は、最低位の生命形態において芽を出し始めたのである」[*1]と言ったのである。ハクスレーの生き生きとした隠喩を用いれば、アルプスの峰が古代の海の泥濘《でいねい》から隆起したように、文明は獣的な起源から生じたのである。

はたして、いったいどんな力が文明を獣性の泥濘から押し上げることができるのだろうか？　ハクスレーにとってもダーウィンにとっても、その答えは疑いの余地がないものであった。それはもちろん、自然選択である。ダーウィンが常に述べていたように、生存への不断の闘争において、より聡明な者たちがいつも勝利を収めて、より知性に劣る競合者たちに取って代わるのだ。時間を超えて、知性が高まった変種が保存される傾向にある。その傾向は、数世代をまたいで徐々に強まり、全種での進展を成し遂げる。しかし批判的に言えば、この議論は、問題の変種が受け継がれ、そしてその意味で生得的であるという条件においてのみ有効である。この条件をその時代の思考の中に組み入れてみることの効果は計り知れない。一八六〇年代から七〇年代にかけて、法律と慣習、結婚と家族、宗教と信念および経済生活の領域において、一連の明確な段階を通じて人間の進歩を記録しようとする学術論文が大量に刊行された。それらには、ヘンリー・メインの『古代法』、ルイス・ヘンリー・モーガンの『古代社会』、ジョン・ファーガソン・マクレナンの『原始の婚姻』、ヨハン・ヤコブ・バッハオーフェンの『母権制』とエドワード・バーネット・タイラーの『未開文化』などの古典が含まれる。だがどれもが、「人類の精神的な単一性」という教義――これは、ドイツの博識家アドルフ・バスティアンの言葉である――に基づいていた。この教義によれば、人間存在には、精神の能力が同質的にかつ普遍的に授けられているが、文明の度合いだけが民族ごとに異なっている。それは、人類に共通のコア・カリキュラムを通じて、いわゆる「未開の」「野蛮な」「文明の」民族が、連続する発展段階――入門、中級、上級――を表しているとでも言うかのようなものだった。

だがダーウィンとハクスレーは彼らの間に、その無傷で、念入りに構築された建造物を吹き飛ばす恐れのある導火線を引こうとしたのである。というのは、二人が、人間の進歩を確実なものとする最良の方法とは、自然に手助けをして、精神的な資質が劣っていると考えられる人々、つまり貧しい人々、困窮している人々、非白人種の消滅を早めることであると信じる人々の背中を押したからである。後年になって、この信念は、「社会ダーウィニズム」として――主にその反対者によって――知られるようになった。ダーウィンのいとこのフランシス・ゴールトンが、選択的な生殖管理を通じて人種の人工的な改良を訴える優生学運動の樹立を主導した。ダーウィンの名誉のために言えば、彼自身は、けっしてそのような極端な主張を示唆することはなかった。ダーウィンは、ダーウィン主義者ではなかった。しかも彼は、教育を通じて永続的な進歩を確実にする努力――フィッツロイ艦長のフエゴ人たちとの実を結ばなかった冒険のような――は、必ずや失敗すると固く信じていた。『人間の由来』という著作で展開された、生存競争を通じた文明発生の壮大なドラマの中では、野蛮人たちは勝利を収めることなく、征服される役割を演じることを運命づけられていた。ダーウィンの多くの読者にとって、その本は一見すると、科学の権威に裏打ちされながら、便利な物語を提供していた。それは、ヨーロッパ人の血を受け継ぐ人々が地球を相続する資格があると説明し、また海を越えた先の人々に対する植民地化の事業と大量虐殺を正当化した。結局のところ、この物語は一語、つまり近年の観念史の中で最も煽動《せんどう》的なものの一つに収斂《しゅうれん》することになった。その語とは、「進化」であった。

進化論の爆発の中で、人類学という学は再生した。一九世紀の後半以降、人類学は、とりわけ人間進化に関する統一された説明を約束したために、学問として重要なものとなった。この進化というのは、解剖学的、人工的および制度的という三つの領域で進められていくものであると理解された。つまり、そのそれぞれが、人類学の異なる部門で研究されうるものと理解されたのである。形質人類学者は人体、とりわけ頭骨、すなわち脳と人間の知性の座の進化を研究した。考古学者は道具、建造物その他の人工物の進化を研究した。そして社会人類学者と文化人類学者は制度、慣習と信念の進化を研究した。ここに、人類学を構成する「三つの領域」としばしば呼ばれるものの起源があった。それは例えば、『人間の由来』が刊行された一八七一年という運命の年に設立された、人類学で最も尊敬を集めている学会の一つである大ブリテンとアイルランドの王立人類学協会（The Royal Anthropological Institute of Great Britain and Ireland）の構成に反映されている。解剖学の型、人工的な組み立ておよび制度的な形式は結局のところ、最も未開なものから最も発達したものに進んでいって、包括的な類型学的連鎖の中に統合されうるというのがその考えであった。この時期に多くの第一級の人類学博物館が建てられ、この連鎖を広く知らしめるのに用いられてきた。博物館の中では、広い範囲に散らばった人たちや場所から蒐集《しゅうしゅう》されてきた事物が、文化のレベルに従って選《よ》り分けられた。だがこのことはまた、それぞれの場所や人々から事物を集めてきて、別々の類型学的な部屋に再び散らばらせるということをも意味した。訪問客が展示室を進んでいくと、あらゆる面において、人間進化の全貌が開陳《かいちん》されるのであった。

三領域のアプローチの熱狂的な支持者の一人は、北東スコットランドのアバディーン大学の解剖学教授であり、同大学の人類学博物館の創設時の館長ロバート・リードであった。リードは、「人間の科学」として構想される人類学の名の下に、彼が知りえたすべての人間を計測し、分類した。彼は頭の大きさと知性との関係を調べて、結果を王立人類学協会の雑誌に公表した。また彼は弟子たちを鍛えて世界中に派遣し、「白人あるいはコーカソイド、黄色と赤色のモンゴル人、オーストラリア人と縮れ毛すなわち黒人種」[※2]の特徴に関するデータを集めさせた。しかし色にこだわったリードの人種分類のインパクトは、解剖学者として出発したが、キャリアのほとんどを人類学に捧げた、より影響力のあるアバディーン人の宣言には到底及ばなかった。スコットランドの侯爵であったアーサー・キース卿は一時期、王立人類学協会の会長を務め、後にアバディーン大学の学長にも就任し、その時代の最も権威ある科学者の一人だった。一九三一年の学長就任挨拶で、キースは世界の諸国民が兄弟関係で結ばれうるという考えを一蹴した。偏見と外国人嫌悪こそが人類のためになるのだと主張した。自分自身の人種への忠誠心および他の人種への嫌悪こそが進化の発展のエンジンである。さまざまな色——白色、黄色、褐色と黒色——を混ぜるのではなく、分けておくことが肝要である。そうすれば、おのずと最も明るい色だけが保持されることになる。人種の戦争は自然の草刈鎌である、そうキースは宣言した。[*3]

この種の人種的思考は、戦間期の人類学の中で力を保ち続けていた。人種憎悪が終息するためには、文明化されたヨーロッパ人種の中で人種嫌悪に駆り立てられた第二次世界大戦が起こる必要があった。ホロコーストの前夜に、ダーウィンとハクスレー以来の進化科学の前提を支えてきたもの——人間集団は、未開から文明への尺度の上にあり、知的能力が違っている——は、もはや弁護できるものではなくなった。それに代わって、過去、現在、未来を問わず、人類はすべて道徳的および知的な能力において等しいという原理を擁護する確固たる倫理的な誓いが立てられたのである。世界人権宣言の第一条が述べるように、「すべての人間には理性と良心が授けられている」。こうした単一性を強調するために、科学者たちは現存する人類を同じ種としてだけではなく、**ホモ・サピエンス・サピエンス**と名づけられた同一の亜種の成員として再分類したのである。二重に示された賢明《サピエント》の最初の属性——すなわち、増大する脳の容量と複雑さの結果——は、人間をいのちある存在の世界のうちで際立たせる。だが二つめは、さらなる細分化を記すのではなく、生きものの世界からの決定的な切断を示している。生命史において比類のないこの切断により、人間性が、文明へと至る途上で生み出されてきたのだと想定される。それ以降、私たちの祖先は柵の両側、すなわち自然の内側と自然の外側にまたがって自分たちが立っていることに気がついたのである。こうした混淆《こんこう》的性質が加えられることで、後の二〇世紀の進化人類学は居場所を与えられたのである。

それでは、いったい三領域のアプローチはどうなったのだろうか？　何も残らなかったし、また一握りの大学において、一つ屋根の下に三つの人類学の部門が今なお共存しているのは、人類学の芳《かんば》しくない過去から受け継いだ時代錯誤の遺産であると、現代の人類学者の多くは答えるだろう。これにあたる機関の一つがケンブリッジ大学で、だから私は人類学を学んだ最初の年に、形質人類学、考古学および社会人類学という科目を履修することになったのである。私は形質人類学のクラスを思い出す。そこでは、世界中の男女の裸の写真から人間のタイプを見分けたり、化石頭骨の複製から寸法を測ったりすることを教わった。考古学では、どのようにして石の人工物をそれと分かるのか、またそれらをどのようにして先史時代の連続する段階の指標となるカテゴリーに割り振るのかを学んだ。しかし、社会人類学は全く違っていた。それは社会科学だと教わった。私たちのバイブルは、その下位学問分野の現代版の自称創設者であるアルフレッド・レジナルド・ラドクリフ＝

ブラウンの『未開社会における構造と機能』と題されたスリムな本であった。その中で、社会人類学は未開社会を特に扱う比較社会学の一部門であると教えられた。[※4] 進学準備の学年を終えたところで研究を続けるために、形質人類学、考古学、社会人類学のうちから選ばなければならず、私は社会人類学を選択した。他の二つを学ぶことから得られるものは多かったのだけれども、それらは行き詰まりを見せているということがすでに明白であった。形質人類学と、それほどではないが考古学は、社会人類学が明確に拒否していた進化論的アプローチにまだしがみついたままだったのだ。

その分裂は戦間期にまで遡り、またそのことは、異なるジャンルの人類学者たちが証拠を獲得するであろう方法に大いに関わっていた。形質人類学と考古学の双方にとって、ほとんどの証拠は、化石と古代の埋葬物と石質埋蔵物のかたちで地下にある。それは、発掘されて初めて明らかになる。だが世界全体を掘り尽くすことなどできないのであり、そのため、当て推量、偶然性や全くの幸運によるところが大きい。しかし社会人類学者が直面したのは、証拠不足よりもある手に負えない問題だった。単純に、習慣と制度は骨や石のようには保存されないし、それらは掘り起こせないのである。では、習慣と制度の進化は、いったいどのように示されうるのだろうか？　この問題に向き合う時の唯一の解決法は、あらゆる社会の進化は同じ段階を通過すると仮定することだった。こうした前提に立つならば、「未開」とみなされる人々の生活方法は一般に、人類の初期の社会状況に関して、一つの窓を提供することになると理解されうる。そのことは、あたかも、世界の辺鄙《へんぴ》な片隅――アフリカのジャングル、オーストラリアの砂漠、極北のツンドラ――にまで空間的に旅をすることが、人類の社会進化の遠い過去へと時間的に立ち戻るかのようであった。それらの現在が、私たちの過去のモデルとなるのだ。実際、いわゆる「未開部族」――すなわち今日ではより丁寧な言い方で「先住民」として知られているかもしれないもの――は生きた化石、ずいぶん前に現代世界に取って代わられた時代の残余物であり、いずれ消滅する運命にあるという考えは、それらが公のメディアで表象されるしかたにいまだに影響を及ぼし続けている。

しかしこの種の考えは、大衆の想像力の中ではどれほど根強いものであるにせよ、社会人類学の内部では長らく異議が申し立てられてきた。その考えは、一九二〇年代から一九三〇年代にかけて、社会・文化現象への全く異なるアプローチを主張する人類学者たちから絶え間ない攻撃にさらされるようになった。どのようにして慣習と制度が誕生し、進化したのかを示そうとする代わりに、彼らはそれらがどのように働いているのかを示すべきだと言った。つまり、個々人に与えられているニーズを満たすにせよ、個々人が属している社会全体が持続することを確かなものにするにせよ、習慣と制度が――その習慣を行い、その制度を維持する現在の人々にとって――ある目的のために実際どのように働いているのかを示すべきなのである。このアプローチは、**機能主義**として知られるようになった。機能主義者には、進化的に再構成をする余裕はなかった。彼らは、進化的な再構成では、文字記録がないため、純粋に推測に頼ることになるのだと考えた。習慣と制度はどのように進化するのか、本当のところは分からないので、それよりも人々に実際に何が起きているのかを見たほうがいいのだと、彼らは主張した。問題となっている習わしがどこからやって来たのかではなくて、その時点での目的と実際の使用に関心を向けたのである。例えば、道具や技術は、現在進行形の生活様式の文脈の中で用いられる時にだけ意味がある。道具を用いるための技術がないのなら、それははたして道具と言えるのだろうか？　人工物は保存されるが、技術は保存されない。アメリカの人類学者マーシャル・サーリンズは、無名だが信頼できるとされる考古学者の箴言《しんげん》を引用している。「その人たち。彼らは死んでしまっている[※5]」。人工物だけが残されるのだ。サーリンズにとって、古代の技術の系譜を再構成するためには、考古学のあらゆる任務を消し去ってしまわなければならなかったのである。

機能主義の勃興は、何よりも社会人類学を、進化の方向性をもち続けていた、その姉妹領域である形質人類学と考古学から切り離すことになった。ところが、その分裂には、人種と文化の関係という悩ましい問題にまで遡ることになる、もう一つ別の理由があった。この問題は生得的な特徴が、内的な資質として子孫にまで伝えられることを多くの人が認めたことにより、何十年もの間グレーゾーンだった。しばしば（および不正確に）、ジャン゠バティスト・ラマルク——博物学者で、「生物学」という語の創設者——によるとされる「生得的な特質の継承」として知られる教義が最終的に反論されたのは、一九世紀の終わり近くになってからのことだった。その意味合いは二〇年以上もかかって、ようやく人類学の内側に浸透することになった。その意味合いとは、分かりやすく言うと、人種と文化、つまり生物学的遺伝と伝統の継承は厳密に区別されるべきであるというものだった。生物学上の祖先がどうであれ、男か女のどちらかに生まれた子どもは、男らしさや女らしさという文化的生の形式を、たちまち獲得することができると宣言することが、人類学の正統な教義の一部となったのである。中国人の両親から生まれたが、幼少期にフランスに渡り、フランス人の両親に養育された人物は——身体的な見かけ上は——間違いなく中国人であるが、態度や振る舞いの点ではすっかりフランス人であろう。これにより、形質・生物人類学と、社会・文化人類学の間に楔《くさび》が打ち込まれたのである。人類の生物学的変異を研究することも、あるいは文化的変異を研究することもできるが、これらは互いに微塵《みじん》も関係のない別々の企てなのであった。

一九一七年、当時の指導的なアメリカの人類学者の一人であったアルフレッド・クローバーは、「超有機的」と題する影響力のある論文を出版した。[※6] その中で彼は、二〇世紀のその後の期間には実質的にほとんど触れられないままとなった、人種と文化の調停の条件を提示した。クローバーは、銘板とそこに刻まれた文字とは関係がないのと同じように、文化は遺伝には何ら関係がないと宣言した。文化は組織的なものであるということに加えて、それ自体の領域に属している。しかし重要なことは、クローバーの焦点は文化であって、社会ではなかったという点である。当時、北米において、人類学はイギリスとは異なる流れで発展していた。その違いとは、関心の対象が社会生活を営む際に人々が互いに関係づけられるしかたなのか、人々が身につけて子孫へと継承する知識と信仰の伝統に対してなのかであった。イギリスで隆盛した社会人類学はもっぱら前者に関心を抱いており、そのため社会学の一分野であると考えられたのに対して、その北米の片割れ——つまり文化人類学——の関心は後者にあり、民族学と呼ばれるものの一派であると、一般的には考えられた。民族学は、ヨーロッパ大陸に起源があった。それは二〇世紀に入ろうとする時期に、先住民の「民俗」伝統の研究として盛んになり、当時台頭しつつあった多くの国家主義的な運動に手を貸すことになった。今日でさえこれらの国々では、文化人類学は、民族の旗の下で舞っていることがある。またそうでないところでは、文化人類学は、絶対的にヨーロッパ**以外**の人々を扱う研究として自らを打ち立てなければならなかった。

しかし北米では、外見的に大きく異なる人々がすでに住んでいる土地にヨーロッパ人が移民として移り住んだのだった。アメリカの文化人類学の父としてしばしば祝福される研究者フランツ・ボアズ自身、出身国ドイツで地理学と物理学を修めた後、一八八七年に合衆国に移住したのであった。ボアズは、人類の人種的変異は、先天的であるというよりも環境に条件づけられていると当初確信していたが、カナダ極北のイヌイト人の民族学的な調査経験を経て、文化を人種に、遺産を遺伝に置き換えたほうがいいと考えるようになった。人種の変異が身体に刻まれているところでは文化的変異は心の中に刻まれていると彼は推論した。ボアズにとっての文化とは、遺伝よりも遺産として受け取られることで伝統の相続財産に等しいものだった。それは、能動的に作られるよりも受動的に吸収されて、人々の信仰と習慣を形成したのである。ボアズが多作だったことは、二〇世紀初頭に北米の文化人類学を確立する上で大きな役割を果たした。クローバーを含む彼の多くの学生たちは、その新しい学問領域の代表的な発言者となった。クローバーもまたドイツ移民の子であり、行動様式の多様性、感情の真正性および人間と自然の統一性を強調する、ドイツの学術界のロマン主義的な伝統を熟知していた。礼節や合理性や自然の超越性を重んじるフランスとスコットランドの啓蒙主義の考えと結びついたイギリスの社会人類学と、アメリカの文化人類学が異なった性質をもつようになった一つの理由は、ドイツ・ロマン主義の影響であった。

だが、その意見の食い違いには、知的な理由以外に歴史的な理由もあった。イギリスは帝国を有しており、植民地政策の行政を助けるために、土着の制度に関する道案内として人類学に頼った。それに対しアメリカには、先住の人たちがいたので、急速に消滅していく生活様式を記録するために、人類学が必要であった。ところが、一九七〇年に私が社会人類学を修める頃までには、学会の景色が根っから様変わりしてしまっていた。イギリスは帝国を失い、社会人類学は、植民地のルールに仕える侍女であることを止めていた。その一方で、北米では、世界中でそうであったように、先住民が自己決定の闘争において自らの声を上げようとしているところだった。変容しつつあるこの景色の中で、社会人類学と文化人類学の違いはますます見当違いのものであるように思えた。少なくともそこには、意見の一致があった。しかし別の見方をすれば、人類学はかつてよりも分断されてしまっていた。イギリスでは、進化の旗の下でかつて統合されていた当初の三領域は、それぞれのやり方へと散り散りになってしまった。形質人類学は進化生物学に合流し、先史考古学は独立した学としての古典的な考古学に合流し、社会人類学は社会科学に合流した。アメリカでは、人類学は三領域ではなく、文化的、考古学的、生物学的および言語学的な四領域であった。イギリスの人類学から言語研究が消滅してしまった理由ははっきりしないし、私たちはそのことにこだわる必要はないが、アメリカにおいてでさえ、言語人類学は少数派の専門領域になってしまった。そしてまたここでも、考古学が独自の歩みを進めた一方で、文化人類学と生物人類学は、たいていの場合には、対話するような間柄にはない。それでは、人類学は没落した学問だったのだろうか？　多くの人たちにとっては、そのように見えたのである。

第 4 章

社会的なるものを再考する

ラドクリフ＝ブラウンのことを覚えているだろうか？　今日では、脚注でその名前を見かけるくらいで、彼のことを知る人はほとんどいない。しかし、前章で彼の名前が出てきたのにお気づきの人がいるかもしれないが、未開社会に注目したことで際立った社会学の一部門として、社会人類学の領域を立ち上げたのが彼であった。今日、私たちは、「未開」という言葉に畏縮し、必死にその言葉を避けようとしがちであるが、「未開」という言葉を避けようとするこの態度にはある二重性が伴っている。というのは、私たち自身が暮らす社会に対し、「複雑な」、「大きな規模の」、あるいは「現代の」などといった言葉を当てる時はいつも、私たちはその対極にある、単純で小規模かつ伝統的な社会を思い浮かべているからである。そしてこのことは、未開社会に暮らす人々の力あるいは特徴を判断したというよりはむしろ、ラドクリフ＝ブラウンとその同時代人たちが「未開」という言葉で示唆したことであった。当時、社会人類学は、そのような諸社会で発見される生活形式の比較研究だと考えられていた。博物学者の目で、ラドクリフ＝ブラウンは、これらの生活形式を貝殻のそれにたとえた。海辺の砂を梳《す》くと、ありとあらゆる種類の貝殻が見つかるが、これらを比較すると、種や属といったものに分類することができる。しかし、貝殻の基本的な形式は、オウムガイのような渦巻き形、カサガイのような放射状、ハマグリのような二枚貝といったようなものに限定されているように見える。そのことは、社会的な形式にも有機的な形式にも等しくあてはまるのだろうか？　制度がうまく機能する社会へと組み上げられるには、限られた数の方法しかないのだろうか？　そうだとしたら、体系的な比較分析を行うことで、その方法を明らかにすることができるだろう。また、生活形式は、社会学者によって研究されているような大規模社会よりむしろ、小規模社会を比較することによって、より容易に明らかにされる。このことが、ラドクリフ゠ブラウンにとって、社会人類学の課題だった。

人間社会を比較研究するという着想は、社会とは何かと問うのを止めない限り、理にかなっているように聞こえる。問題は、生物学者にとって有機体が存在しているのと同じように、人類学者にとって社会が存在しているわけではない、ということである。社会とは、見たり触ったりできるものではない。私たちは皆、社会の中で生きているし、もしそうでなければ、私たちは人間的な生を生きることがほとんどできないだろうと思っている。しかし、自分の社会がどこで終わり、別の社会がどこで始まるのか、あるいは、どの瞬間に社会は生まれたのか、あなたは言えるだろうか？　社会生活において一瞬たりとも同じ状態がありえない時に、臓器が生きている身体を維持するのと同じように、自らがその一部である社会を維持するために制度は機能しているということに、いったいどんな意味があるだろうか？　古代ギリシャの哲学者ヘラクレイトスが、流れる川の水について言ったとされるように、社会生活の流れは絶えることなく変化する。繰り返されるものは何もない。社会をピンで止めようとしても、社会生活は指の間をすり抜けていく。実際、ある種の動物が別の種の動物になることはない――馬は馬のままだし、象にはならない――が、歴史において、こうした変容は絶えず起こっている。ラドクリフ゠ブラウン自身も認めているように、社会人類学の調査で私たちが扱う現実は、実体ではなく過程である。しかし、もしそうだとしたら、それでは、その形式はどのように比較できるのだろうか？　社会生活《ソーシャル・ライフ》と社会のいのち《ライフ・オブ・ソサイエティ》は別であり、同時に両方にしがみつこうとするのは、円を四角にするようなものだ。ラドクリフ゠ブラウンは、そうしようとしたことはなかった。

エドマンド・リーチは、すでに『走り去る世界？』の著者として第2章に登場しているが、ラドクリフ゠ブラウンが客観的に社会の形式を突き止め比較しようと意欲を燃やしていることに対して、リーチは軽蔑以外の何物も感じていなかった。リーチは、ラドクリフ゠ブラウンがやっていることは蝶の収集とたいして変わらないと嘲笑した。[*1]リーチは人類学の世界に入る前は、専門が工学という経歴の持ち主だったため、彼が、社会の仕組みを、有機体の機能よりも機構の働きになぞらえがちだったことも、もしかすると無理もないことだったのかもしれない。彼の手法は、現実生活の観察ではなく、製図板から始めるというものだった。限られた数のダイヤルのついた機械を想像してみてほしい。それぞれのダイヤルは特定の変数で制御されていて、確かな設定が施されている。ありうるすべての設定の組み合わせを考えてみよう。次に、すべての組み合わせが、考えうる社会構造に対応していると仮定しよう。すべての人間の暮らしと歴史とは、リーチによれば、異なる設定あるいは限られた変数の設定の値を組み合わせることによって開かれる可能性の無限の広がりを探求するものとして理解されうる。こうした人類学の推論のスタイルは、実際のところ、リーチが嚆矢《こうし》というわけではなかった。同業者の間では**構造主義**の名で知られる、この推論のスタイルは、おそらく二〇世紀後半に登場した最も名高い人類学者であるクロード・レヴィ＝ストロースによって人類学に導入されたものだった。リーチは、フランスからイギリスに帰国すると、この新しい考え方をイギリスの学界に注目させる上で大きな貢献をした。私は、構造主義に関するリーチの講義に夢中で耳を傾けていたのを覚えている。私にとって構造主義は、社会生活についてのある種の純粋数学として訴えるものがあった。

それほど遠くない昔、科学革命の研究において、哲学者トーマス・クーンが、ある学の歴史の中のある特定の時代に、その学が尋ねる問いとそのような問いを解決する手段を制約する一連の基本原理を示す「パラダイム」という用語をつくり出した。[*2] 前章で私は、人類学が進化論的なパラダイムの中でどのように成熟してきたかを述べた。その主要な問いとは、人間や人間がつくるもの、制度はどのように**進化する**のかというものだった。私たちは、社会人類学の中で、この問いが機能主義のパラダイムに取って代わられた顚末《てんまつ》を見た。それは、制度がどのように**働く**のかを問うものだった。しかし、構造主義のパラダイムが到来すると、問いは再び変化した。それは、人々が発言したり行動したりすることにどんな**意味がある**のかという問いになったのである。構造主義者にとって社会生活とは、コミュニケーション、すなわち記号と象徴の意味のある交換のうちに動いているものである。したがって、彼らの鍵となる問いは、どのように記号と象徴が意味を選び、またそれらがどのように表象するものと関わっているのかを中心に展開した。答えを探し求めて、彼らは、このような問いが長い間、主要な位置を占めてきた別の学、すなわち言語学に目を向けた。あらゆる人間の言語には際立った特性があるが、その特性とは、語は意味を伝えることができる最小の単位である一方で、それ自体に意味はなく、それでも話し手が意味のある語と他の語とを識別できるようにする、さらに小さな単位——専門的には音素と呼ばれるが、アルファベットの文字体系では一般に文字として表されている——から成り立っているというものである。それぞれの語が、それが意味するものを意味するようになるのは、他ならぬこの識別によるのである。このような言語コミュニケーションの特性は、はたして社会生活の他の領域へと拡張できるのだろうか?

一九〇六年から一九一一年までジュネーヴ大学で行われた一連の講義の中で、スイスの言語学者フェルディナン・ド・ソシュールは、もともとは分かれて存在している語と意味が内在的に結びつくためにではなく、語のレベルにおける一つの対比体系が、意味のレベルにおける別の体系の上に転写されるために、語は一般に、語が意味することを意味するのだと論じた。[※3] 簡単な例を挙げると、「猫」という語には、本来は猫のようなものは何もないし、「犬」という語に、犬のようなものはない。しかし、「猫」や「犬」、動物種を表す他のすべての語の間に存在する一連の言葉の対比を、種自身の間にある一連の分類上の区別と結びつけることにより、例えば「猫」や「犬」が猫や犬の性質を表すように、言葉と種との間で、一対一の対応が組み立てられる。トーテミズム——多くの社会で、特定の社会集団と特定の自然(しばしば、動物)種の間に存在すると思われている親密な結びつきを描写する用語——に関する有名な研究の中で、レヴィ＝ストロースは、それと同じ論理をあてはめた。[※4] この研究において「語」は自然種のことであり、意味は社会集団であり、そして、特定の種とある集団の間のトーテム的なつながりは、種間の差異を集団間の差異の上に転写することにより生まれる。このように自然は、自然独自の言語、つまり社会の構造を表象する一連の具体的な用語を提供する。しばしば動物がトーテムに選ばれるのは、動物が食べるのに適しているからではなく、考えるのに適しているからであるとレヴィ＝ストロースは結論づけている。

しかし、レヴィ＝ストロースはその先に進んで、さらに、ロシア系アメリカ人の言語学者ローマン・ヤコブソンが展開した手法を社会的な世界にあてはめて考えた。ヤコブソンは諸言語の音素を分析し、音素とは、全人類が使用可能な限られた量の音素の特徴から、その言語が選び出した際立った特徴をもつ固有の組み合わせであることを発見した人物である。その発想は、同じ種類の弁別的な特徴の分析が、語の交換のみならず、経済生活の中で行われる贈り物や商品の交換や、親族や姻族関係を構築する際に行われる人の交換にもあてはまるというものだった。この論理に従えば、これまで存在した、あるいは存在しえたすべての社会は、無数のありうる組み合わせの一つにすぎないのだが、にもかかわらず、それらは人間精神の構成のうちに普遍的に備わる生成的な見えない力によって支えられている。レヴィ＝ストロースは、社会科学者の間で天文学者にたとえられることがあるが、それは理由がないわけではない。彼は、社会を、夜空にまたたく星のように、遠くから見る対象であるかのように見つめていたのだ。しかし、この星のような社会が並ぶ時空の無限の広がりの中で、人々にいったい何が起こったのか？　人々は、消えていなくなってしまったかのようだ。そもそも人間の存在が認められるとすれば、それは付属品としてである。人間が構造を通して機能しているのではなく、構造が人間を通して機能しているのである。何を言う必要があり、なぜそれを言う必要があるのかではなく、当事者たちが話す言葉の深層構造について会話が何を示しているのかということだけを知るために会話を観察する言語学者のように、構造人類学者は、社会生活の与えることと受け取ることの中に、人々が自分では全く気づいていない無意識の構造の外にあらわれた表現のみを見ている。

しかし人類学者たちには、自分を天文学者であると夢想する者もいる一方で、それとは正反対に、ミクロのレベルで社会生活に再び分け入る決意をした者もいた。彼らの出発点は、追求すべき価値とそうするための限られた資源をもち、他者と相互作用するという選択をそのつどして、結果的に最善の戦略的な優位を手に入れただけの個々の人間存在だった。私がお金をもっていて、あなたが時計をもっていたと仮定してみよう。私はあなたの時計を心からほしいと思い、あなたはそのお金がどうしても必要だとする。そこで、私たちは時計とお金を交換し、そして、結果的に私たちはそうする前より満足する。いわゆる**トランザクショナリスト**［社会的な交換を人間存在の根源的行為であると見なす立場を主張する論者］にとっては、たとえ交換される価値が、愛や友情のような非物質的なものであったとしても、すべての社会的相互作用は、この種のものである。このような議論を支持する理論家たちは、社会組織の形式とはさまざまな種類の価値が交換される無数の相互作用の集合的な結果として生み出されるものであり、そしてそういうものとして説明される、と論じている。私自身はこのアプローチに魅了され、卒業する頃までには、社会人類学の未来はここにあると確信していた。その指導的な提唱者だったのが、当時この分野の巨人の一人だったノルウェーの人類学者フレデリック・バルトである。[*5] 私の同時代人たちの多くがそうであったように、私もバルトを崇拝する一人だった。大学院に入りたての頃、私はフィンランド北東部のサーミ人のところで博士課程のフィールドワークの一つを始める前に、ベルゲン大学のバルトがいた学部に数ヶ月所属することに決めた。バルトはカリスマ的な人物で、人を鼓舞するようなその存在感は、彼の文章の水晶のような明晰さとよく似ており、私は失望させられることがなかった。

しかし、アカデミックな環境から多少なりとも離れ、一六ヶ月間にわたるフィールドワークからベルゲンに戻ると、学部内は混乱状態だった。バルトはその時にはすでにベルゲン大学を去り、アメリカへと発ってしまっていて、トランザクショナリズムは崩壊寸前だった。私がいない間にサーカスが町にやって来て、行く先々であらゆるものをばらまいていったことを、私は大学に戻ってきて知った。一九七〇年代初頭にヨーロッパで芽生えつつあった政治的かつ知的な運動に呼応して、人類学はカール・マルクスの哲学的著作を再発見し、それと構造主義とを結びつけて、「構造主義的マルクス主義」という不格好な名前で通る雑種を生み出した。その主張は、ありうる組み合わせの深遠なる精神的空間から、人間の苦悩と歴史的な変化に満ちた現実世界へと、この学を地に足がついたものに戻すものだった。結局、成立させる人々なくして社会構造は存在しえないのであり、マルクスが常に主張していたように、生活に必要なものを生むことなくして人々は存在しえないのである。生が続く限り、人間は生業の手段を生み出さなくてはならない。これは、環境との実践的な関わりの様式を要求する。問題は、環境がたとえどんなに極端で厳しいものであっても、実際に何をすればいいかを人々に教えてはくれないということだった。人間にとって——おそらく人間以外の動物にはあてはまらないが——、生産手段を生むことを駆り立てる意図は、社会からやって来る。人間存在の物質的な条件およびそれが課す制約は、環境との関わりの条件を決定するにあたって、社会構造の相対的な自律性とどのように折り合いをつけられるのか？　構造主義的マルクス主義は一つの解決方法を提示した。

その問い自体は古いもので、主にアメリカの人類学で、人間が環境に適応する時に果たす文化の役割に特に関わる、いわゆる「文化生態学」の領域を確立しようとした初期の試みへと遡るものだった。それもまた、あるジレンマで身動きが取れなかった。文化が、環境の中で人々がすることを駆り立てると同時に、それに適応する手段を与えもするということを、どのように考えたらいいのか？　行動に対する文化的な理由づけと環境的な理由づけの間に囚われてしまった理論家にとって、一つの道ともう一つの道のいずれかを選択する以外、前に進む方法がなかった。したがって、慣習となっている信念や実践は、人間が属している社会システムだけではなく、人間と動植物、土地によって構成されているエコシステム全体をも維持するのに役立っていると主張しようとする者たちもいた。彼らの仮説は、そのようなシステムはすべて均衡へと自然に傾いていくというものだった。なぜならば、そうならなかったシステムは長い目で見れば崩壊するだろうからである。それとは反対に、信念や実践は、それ独自の論理に従っていて、その論理は環境条件に何も負うていない象徴的構造に基づいているのだと主張する者たちもいた。しかし、どちらの説も現実的ではないように見えた。一方で、人間と環境の関係に関する不安定さの証拠は至るところにあり、まさにそれこそが歴史の動力となっている。人口と資源の不均衡に対応したのでなければ、なぜ人間集団は、狩猟採集から農業へ、あるいは粗放《そほう》農耕から集約的農業へと移行したのだろうか？　しかし他方で、まさにこの移行こそが、文化がたんに独自の道を行くわけではないという証拠ではないのか？

一九七四年、私はマンチェスター大学に社会人類学の新任講師として着任し、「環境とテクノロジー」という連続講座を教えることとなったのだが、これまで述べてきたような問いが講座の関心であった。例えば、当時、盛んに議論された論点の一つは、「ウィットフォーゲル仮説」として知られるものに関わっていた。一九五七年に出版された『東洋的専制主義』と題する著作の中で、中国研究家のカール・ウィットフォーゲルは、民衆に対して極端な圧政を行ってきたことで有名なインドと中国の古代帝国は、灌漑《かんがい》農業の需要に応じて興隆したと主張した。灌漑事業の設備を建造し維持するには、労働力の大規模投入が必要だったが、それは、高度に中央集権化され全体化された体制でなければ動員し調整することができなかった。この議論は、自称「文化唯物論者」によって取り上げられたが、彼らは、すべての文化と社会組織の形式は、技術＝環境条件に対する必要な応答として説明されうると論じた。しかしその反対者たちが指摘したのは、灌漑農業それ自体が手段であり、それによって帝国が権力を確固たるものにし拡張しようとしたのは、灌漑農業が領土内で増えていく一方の人口密度を支えるものだったからであるということだった。動員は社会的かつ政治的なものであった一方で、環境の管理が人口密度のレベルを上げ、かつて予想もしなかったレベルにまで中央集権化することを可能にしたのである。より最近の例では、産業資本主義の台頭と蒸気エンジンの発明の関係に関するものがある。この場合もやはり、エンジンは資本の需要に応じて発明されたのであり、逆ではない。しかしエンジンの発明は、かつてなかったような工業生産の規模の革命を可能にしたのである。

構造主義的マルクス主義の難解な用語で、この議論は、支配と決定の弁証法と言い表された。支配的なものは、権力の配分と生産手段、すなわち土地・資源・技術へのアクセスを統治する社会構造および諸関係であった。決定要因となるものは、人間の介入によってさまざまな度合いで修正される環境体系の力学だった。生産の増強は、支配的な社会関係によって駆り立てられ、最後には森林破壊や砂漠化として表れるような限界点にまで環境体系の諸関係を追い込んでいくことになる。マルクス主義者の物語では、人間の歴史は、しばしばこの種の危機に見舞われるのだが、そうした危機は、社会関係と生産の技術＝環境的条件の両方の大規模な変容によってのみ解決されうるのだ。今や、ダーウィンではなくマルクスの用語で構成されながら社会進化が議題に戻ってきたのだが、これは、社会人類学者と考古学者が数十年間の別居を経て再び一緒になったアプローチだった。両者は、農耕の起源から産業革命に至るまでの一連の変容として、とても長い期間にわたる歴史を書き直す仕事に着手した。実際その数十年前に考古学は、人類学的思考の大変革の影響を受けないでいたわけではなかった。彼ら——いわゆる「プロセス考古学」を掲げる者たち——の中には、先史時代の遺物群を、環境条件に対する人間の行動の適応の証拠として解釈しようとした者もいた。また、他の者たち——「ポスト・プロセス主義者」を自称する——の中には、物質文化の対象が、意味作用のより広い領域の中で構成され、象徴表現の媒体として実践のうちに表される意味をどのように伝えられるかを示そうとする者たちもいた。ここでもまた、マルクス主義者の社会進化へのアプローチは、ありうる解決方法を提示した。しかし、それは長続きするものではなかった。

構造主義的マルクス主義の衰退は、興隆の時と同じように、突然かつ驚くべきものだった。一九八九年のベルリンの壁の崩壊と、それに続くソビエト連邦の崩壊、冷戦終結宣言とともに、構造主義的マルクス主義は大きな音を立てて崩れていった。マルクスにインスピレーションを求めていた知識人たち――人類学者もその中に含まれる――は表舞台から姿を消すか、その後に続く別の知性を見つけた。かつては人類学専攻の学生全員が読んでいた、資本主義社会以前の生産様式に関する学術書は、図書館の書棚に打ち捨てられ、開かれず愛読されなくなった。実際のところ、知的領域の激震は非常に大きなものだったので、多くの人々が、人類学、および啓蒙期の初期から現在に至る人文学の関連諸学の全歴史を包摂する時代の終わりをそこに見た。彼らは、私たちが目撃しているものは、モダニズムの終焉以外の何物でもないと宣言した。というのは、結局のところ、進化主義も機能主義も構造主義も、モダニズム的なテーマの変奏にすぎないからだ。今や私たちはポストモダニズムの新しい時代へと足を踏み入れてしまった。すべての人間生活と歴史は、転換期を迎えているようだった。人類学にとってこのことは、社会進化の大きな概観から現代の転換点へと、時間軸をせばめることを意味した。同時にそれは、西洋の学者が至高の権威をあたりまえと見る伝統的な研究方法に疑義を突き付ける、強い内省の時代を予告していた。というのは、ポストモダンの世界はポストコロニアルの世界でもあり、そこでは西洋および西洋の制度の中で教育を受けた人々が優位であることはもはや保証されえないからだ。

もっと身近な話では、私自身、教えることに行き詰まりを感じるようになっていた。文化生態学と構造主義的マルクス主義の両方から考えるという潮流に影響を受けて、すべての人間存在――「生の網目」と生態学者が呼ぶような他の有機体と関わるいのちある有機体であると同時に、社会関係の網目の中で他者と関わる人間でもある――は、生態系システムと社会システムの二つに、どのように同時に参与しているのかを示そうとしていた。[*6]その当時、問題は、生産活動に対してその意図を付与する支配と、環境が維持できる生産の圧力に制限を加える決定要因という、二つのシステムの間の相互作用を理解することであった。例えば、男が狩りをし、女が採集する社会では、男は家族に与える肉を持って帰るために狩りをしようと考えるかもしれないが、獲物を獲ることは、捕食者と獲物間の相互関係という生態学的な力学の影響を受けやすい。後者は、動物生態学の領域から引き出されるモデルで理解されるが、前者を理解するには社会人類学からのアプローチが求められる。どちらもそのそれぞれのアプローチだけではうまくいかないはずだと私は主張した。

つまり私たちは、それよりも二つのシステムを一緒にする必要があるのだ。しかし私は、このように人間的なるものを人格と有機体という二つの構成要素に分け、それぞれを社会と自然という別々の領域に区分することに、次第に悩まされるようになっていった。一九八八年のある日、ついに私は、社会関係をもつことと有機体であることは、人間存在の二つの面なのではなく、同じ一つのものだということ、すなわち当該＝環境＝内＝有機体は、世界＝内＝存在**である**ということに気がついた。あの日を境に、私はその時まで自分が主張してきたことすべてが、救いがたいほど間違っていたと思えるようになったのである。

私がどのようにしてこの道にたどり着いたかを説明するには、数十年前に時間を巻き戻し、それまで形質人類学として知られていた学で起こった展開について振り返ってみる必要がある。ここでもまた、化石記録で明らかになったような、人体構造の進化への伝統的な関心から行動や生態学に対する関心への顕著な移行があった。行動生態学者たちは、人間の狩猟採集民と人間以外の霊長類動物の両方の実地調査から得られた材料を比較し、文化や社会組織の進化に対する推測を行うことで、古代人を甦らせようとした。化石から生きているものへのこうした転換を反映し、下位区分の名称が「形質」から「生物」へと変わった。この時もまた、多くの人類学者たちは、集団選択という観念にしがみついていた。

『人間の由来』の中でもすでにダーウィンによって予測されているが、集団選択の考えとは、自然選択が個体レベルにおいてと同様、集団のレベルにおいても働くというものだった。選択が個体に働く時には、最も多産な個体が有している特徴を自動的に選好する。しかし、集団のレベルになると、再生産を制限し個体の数を持続可能な範囲内で維持しようと働く仕組みへと向かう、選択の偏りが必ず生じる。そのようなメカニズムをもつ集団は、持続的なバランスを達成するが、逆にそのようなメカニズムをもたない集団は、人口増加と資源枯渇を通じて、結果的に自滅する。この議論はまた、これまで見てきたように、社会／文化人類学者にも支持者がいた。それはその議論が、人間のような社会的動物が個人の利益よりも、なぜ集団の福祉を進んで優先するのかの説明になると思われたからだった。要するに、それは利他的行動の現象を説明していた。

行動生態学者にとって、利他的行動を説明することは、人間を含め非常に多くの種の動物がなぜ社会の中で暮らしているのかという疑問に対し、最終的に一つの答えを与えてくれるため、ずっと究極の目標のようなものとなっていた。利他的行動について説明することができれば、社会のことを説明できると、彼らは考えたのである。しかし一九七〇年代初頭から、集団選択に対し、生物学的見解の重要性は低下し、もう一方の極にまで振れてしまった。選択は実際には集団でも個でもなく、遺伝子のレベルで起こっていると多くの研究者が主張した。ニワトリと卵の関係のように、個の有機体は、確実に繁殖するために、遺伝子によって組み立てられた、ただの機械にすぎないと生物学者たちは主張した。しかし遺伝子は、ある集団の中にある個体にとって一定なのではなく、系譜的な血族の関係の度合いに応じて共有される。あなたと私の血のつながりが近ければ近いほど、私たちが共通にもつ遺伝子は多くなる。その時、原理的に遺伝子は、その保有者自身に犠牲を払わせても、それがまた表現されている親族関係に偏って利するよう遺伝子の保有者を導くことで、自らが増殖するのを促すことができるのだ。もし与え手と受け手との遺伝子の近縁性の係数をかけた時に、受け手に対する再生産のダーウィン適応度の増加分が、与え手に対する適応度のコストを上回るならば、近縁選択は当の行動を「固定する」傾向があると、進化生物学者ウィリアム・ハミルトンは定式化した。結局、利他的行動は、遺伝学的にも説明できることが明らかになったのである！　そしてそのことを受けて、新しい学が生まれた。昆虫学者E・O・ウィルソンによって華々しく紹介されたその学は、「社会生物学」の名で通るようになった[※7]。

社会／文化人類学者たちは、このなりゆきに失望した。彼らの異論は、その理論に対してというよりも、すべての社会行動は「生物学的基盤」と呼ばれるものをもっていることが結論として示されたという、社会生物学者たちによって熱狂的に広められた主張に対するものだった。確かに、この主張は、生物学的基盤とは何かという疑問を提起する。「生物学的」とは「遺伝の」という意味なのか？　またいずれにしても、行動について、それが社会的であるとは何を意味するのか？　巣の中のアリやハチであれ、群れの中の象やコミュニティの中の人間であれ、社会的というのは、たまたま同じ種である個体同士が協力し合うことを示唆しているのか？　それがウィルソンの考えであった。しかし、それに対し、社会人類学者マイヤー・フォーテスは、社会は言語に依存し人間のみに与えられるもので、家庭における親と子、学校における教師と生徒、病棟における医者と患者といったように、互いに対面の位置に座を占めるものとして人を定義するような類の制度化された秩序のない社会、ないし社会関係のようなものは存在しないと主張した。[*8]　フォーテスは、社会という概念を動物界に拡張することは、擬人的な隠喩にふけることだと主張した。社会生物学者たちは、自然の中に人間のつながりの形式を読み取るという古いトリックをもてあそんで、社会そのものが自然の基盤をもっていると宣言しただけだった。「社会的な」昆虫の行動を描写するのに、人間のコミュニティでの私たちの経験を引き合いに出すことと、隠喩をひっくり返して、昆虫の暮らしを人間の手本とするのとは全く別のことである。

結果として激しい議論が起きたが、その多くは、人類学の古くからの主要なテーマである親族関係に関するものが中心であった。親族関係は遺伝的なつながりによって定義づけられると言明する人々もいれば、いやそうではない、それは社会的なカテゴリーの体系であると言う人々もいた。つまり、そのカテゴリー内に置かれた個体間の遺伝的なつながりの蓋然性は関係がないとされたのである。前者は、互いに対する親族の振る舞いは、先天的傾向に支配されていると主張した。それに対し後者は、親族関係は道徳的義務によって支配されていると反論した。そして、それはそうと遺伝的な近縁とは誰のことなのか、どうやったら分かるのかと付け加えた。前者は、だからこそ誰もが、新生児の周りに群がり、さまざまな親族に似ているかを確認するのだと反論した。人々は、自分たちの遺伝子をもたない諸個体にだまされて投資しないよう、遺伝的なつながりの証拠となる目印を探し求めるようにプログラムされているのだ。なんとばかばかしい！　と後者が声を上げる。似ているかどうかの評価は、人格、すなわち名前および社会秩序における場所が新しい住人のためにつくられるプロセスの一部にすぎない。このように議論は続いた。最終的に、一時停戦が叫ばれた。どちらの側も自分たちの主張を完全に通すことができたわけではなかったが、代わりに妥協案を見出した。そう、人間存在は、遺伝的なつながりのある人々に向かって生まれながら好ましく振る舞うようにできている。そしてそう、その彼らの振る舞いには意味が与えられており、その振る舞いが向けられる相手は、諸関係の全体の秩序においてはカテゴリー化されている。どちらの説明も、親族関係についての部分的な説明になっているが、全体像を得るためにはこれら二つを一つにまとめる必要がある。

私は、この歩み寄りを相補理論と呼んでいる。人格と生物学的個人は、それぞれ社会的な存在であり生物学的な個体であるが、これらは互いに補完し合う人間的なるものの相補的な部分であり、その二つが一緒になって全体をつくっている。一九八八年のあの運命的な日に私が気づいたことは、片足を自然に、もう片方を社会に突っ込んで、二つに分かれている人間的なるものの概念を捨てなければならないということであった。というのも、遺伝的つながりと社会的なカテゴリー化の間には、生の居場所はないからである。生は、亀裂に落ちこんでしまう。生においては、諸関係があらかじめ与えられるのではなく、絶えずつくり出されなければならないものなのだ（図4参照）。例えば、親族関係は、人々が食事を与えられ育てられ教育される気づかいと配慮という無数の行為の中で実現される。しかし、親族関係の母胎の中で育まれる人は有機体**であり**、人間も人間以外の存在もともに含む環境の中で育っている。育てることと育つことは、個体発生の、あるいは存在の連続的な生成を、あるいは一言で言えば同じ生のプロセスを描写する二つの方法であり、それぞれ社会的であり生物学的である。人間が他者に対して取る傾向性《ディスポジション》はすべていつでも、このプロセスの内側で生じるだろう。例えば、子どもに対する親の愛情は、家庭での長期にわたる生の親密さから生じてくるものであり、それは、蓋然的な遺伝的関係性の結果ではない。だからといってそれは、「生物学的」でないというわけではない。要するに、人間は、**生物社会的な存在**《バイオソーシャル・ビーイングス》なのである。それは、人間が、遺伝子と社会の産物であるからではなく、生きていて息をする生きものとして、自らや互いをつくるからである。彼らは、二つのものではなく、一つなのである。

人間存在が、社会生活の実践的な仕事の中で、互いの精神と身体をつくっているという考えは、今では言わずもがなのことである。しかしその考えは、ここ三〇年の社会人類学における最も根本的な変化のひとつのおかげでようやく生じてきたのである。それは、それ以前の何十年かの間支配的であった構造的な思考から、たんなる社会の派生物としてではなく社会生活の成り立ちそのものとして関係に焦点を当てる思考への変化であった。私たちは今、実在そのものが、どこまでも相関的であると強く主張している。しかしこう主

図4　社会的な諸関係は、パフォーマンスの中でつくられる。
ピーテル・ブリューゲル（父）作『謝肉祭と四旬節の喧嘩（1559）』
（ウィーン美術史美術館所蔵）

張しても、それによって何を言わんとしているかをもっと精密に明示できなければ、あまり先に進むことはできない。いったい、社会関係とは何なのか？　三つの答えがありうるが、最後のものだけが、唯一真に関係論的な存在論の萌芽を含んだものとなっている。最初の答えは、すべての関係は、時間をかけて並べられた、一連の相互作用だというものだ。まだ互いに対し本質的に閉じているのだが、二者は出会って取引をする。この答えは、先に紹介したトランザクショナリストのアプローチが基礎となっているが、社会とは相互に働きかけ合う同じ種の個体の集合体であるという、社会の生物学的な概念の基礎にもなっている。社会人類学者が社会生物学的な試練を乗り越えようとして出した二つめの答えは、その関係を全く違ったしかたで理解している。社会関係は諸個体の間にはなく、親子、教師と生徒、医者と患者の関係のような確立された制度的枠組みの中に占める位置関係として理解しようとするのである。社会生物学の議論におけるこの両極は、関係ということでまさに違うものを表していたため、互いに話はかみ合わず、物別れに終わった。

しかし、三つめの答えは、関係とは、いのちある存在が一緒にやっていくことについて経験するあり方であり、実際にそうしているように、それぞれの存在をつくり上げていくあり方である。ここで重要なのは、諸関係が展開していくと、それらが結集していくような存在が絶えず**生まれていく**ということである。人類学の用語で、関係し合う存在《ビーイング・イン・リレーション》は「相互に構成されている」。もっと分かりやすくいうと、他者との関係が、あなたの中に入り込み、あなたをあなたという存在にしている。そして同じように、関係が他者の中にも入り込むということなのだ。だから、あなたがこうした他者と交わり、そして同時に、自分と彼らを区別する時、この交わることと区別することは、**内側から**進行していく。すべての存在は、相互に働きかけ合っているというよりも、**内側で働きかけている**のであり、存在は働きかけの内側にあるのだ。人であるとは、つまり、社会的な事柄の中で行為主体性《エージェンシー》を発揮するとはどういうことなのかを関係論的に考えることの含意は、この議論の鍵となるテーマであるが、その大部分は、男性の行為主体に女性が従属するという、伝統的にジェンダー化された分断に挑むことに大きく貢献してきたフェミニストの学派の展開に示唆を受けている。しかし、そのような関係論的思考のせいで、社会人類学者たちは、ダーウィンの進化論の伝統をおおむね忠実に守ってきた主流派の生物人類学の仲間たちとの新たな緊張状態に再び置かれることとなった。問題は、この理論がうまく機能するためには、あらゆる存在が、切り分けられた個体、すなわち世界に生を享《う》ける前にあらかじめ与えられる継承《インヘリタンス》によって特定され、そしてその遺伝的な構成に影響を与えないような外的接触に基づいて、他者たちと関係する諸個体の集合のうちの一個体として措定されなければならないということである。生物学者は、これを「集団的思考」と呼んでいるが、これは関係論的思考とことごとくぶつかる。

そうなると、社会的と生物学的という存在の二つの側面の相補性ではなく、関係論的な存在の理解のしかたと、集団的な存在の理解のしかたという二つの存在論の分裂にぶちあたってしまう。この二つの**存在論**が完全に相容れないものになってしまっている主な原因は、社会人類学と生物人類学の折り合いが現在行き詰まっていることにある。行き詰まりを打破するには、まるで別の生物学が必要なのだ。すなわち、社会人類学がいま人をそう見ているように、いのちある有機体を、もともと他者との諸関係において構成されているものとみなす生物学である。この種の生物学は、親族の線に沿って起きる変化としてではなく、人間も人間以外の存在もともに含む、形式がその中で生まれ持続する全関係の母胎の展開として、進化を考える必要がある。また、こうした形式は、遺伝的あるいは文化的にあらかじめ措定されたものではなく、発達あるいは個体発生のプロセスの絶えざる創発的な結果として理解する必要があるだろう。このように再考することが、過去数世紀にわたってダーウィンのパラダイムによってつくられたものほどではないにせよ、それに比肩するような大きさで、私たちの世紀の人間科学に革命をもたらすかもしれない。そのことを証し立てる研究が現在進行中である。分子生物学や後生的遺伝学、免疫学、神経生理学のような多様な分野で、生物科学は、ダーウィンの理論がもはやあてはまらないポストゲノム的な世界に向けたパラダイムシフトに必死に取り組んでいる。この研究は、同時にプロセス的であり、発達的でもあり関係論的でもある新しい統合の上に収斂《しゅうれん》しつつある。生物科学は、同時代の人類学に大きく扉を開いた。それは、私たちが入っていく学の未来にとって決定的である。

第 5 章

未来に向けた人類学

人類学がかつてないほど重要であると、これまでのところで確信いただけたのではないかと思う。来たるべき世代が、あらゆる生の領域で、どうすれば生きるのにふさわしい世界をつくり上げられるのかという問いに関して、人間経験の重みに集中することを中心に据える学は、人類学をおいて他にない。だがこうした問題に関する公的な議論には、人類学者はほとんどの場合出てこない。さまざまな学の賢者たちがステージの上をふんぞり返って歩き、世界における私たちの場所についての一口コメントと未来予測を披露してみせる。しかし、人類学者はどこにいるのか？　人類学者がいないということは、彼らが自らのものと呼べるような特定の専門知識ももっていなければ、伝達すべき首尾一貫した知識の体系ももっていないという事実におそらく関係している。一般の人たちは、自分たちの問いへの答えを見つけるために、当然のこととして学界に目を向ける。しかし、人類学にありがちな答えは、質問者を非難し、その暗黙の前提を明るみに出し、こうした前提をもたない他者ならば、その問いを異なるしかたで提示すると述べることだろう。簡単な答えなどない。人類学は、あなたが知りたいと思っていることを言ってはくれない。つまり人類学は、あなたがすでに分かっていると思っていることの基礎をぐらつかせる。人類学の研究者たちは、以前よりは賢明ではあるが、スタート時点よりも知識の量が少なくなっているという結果で終わってしまうかもしれない。これは不安なことかもしれない。また他者を真剣に受け取ることに専念すれば、読者を満足させるために、読者がもとからもっている関心の懐《ふところ》に入り込んで、新奇さをまぶしたデータとアイデアを与える戦略――とても多くのサイエンス・ライターが採用している――は、人類学者には受け入れがたいことになる。

このような欲求は、一般読者だけに限定されるわけではない。それらはある程度まで、科学それ自体にも共有されている。ある近年のやり取りのうち、例えば進化生物学者（人類学者を名乗ることもある）デイヴィッド・スローン・ウィルソンは、人類学者や、「世界中からまた歴史を通じて人間文化に関する膨大な情報を集めた」――彼の言葉では――その他の人々の仕事を称賛している。[*1] 人々は文化の中に生きる存在であり、またあらゆる文化は、専門家の精査のために情報を集積して組み上げられうるということが、そこでは疑いなしに前提とされているのだ。人類学という学の目的とは、ウィルソンや彼のように考える多くの人たちの見方では、科学に属する語りの穴を埋めるために用いられる材料を豊かにすること以上でも以下でもない。彼らにとって、変異と選択を通じた進化ということの語りは、疑われることがない。ひとえに、それを信じなければならないのである。他者の信念は、進化の説明のためにあるのだが、進化への信念は侵すことができない神聖なものである。厳密に言えば、これは科学ではなく、科学主義である。科学は、驚くほどさまざまな異なった形式の中に現れる、豊かな知識のパッチワークである。科学主義とは、科学的な知識は唯一の形式を取り、この形式は真理に対する並ぶものなきかつ普遍的な要求を有しているという前提に基づく教義あるいは信仰体系のことである。人類学には、科学に対して異論を唱える必然性はない。だが科学主義に対しては、抗議すべき理由がある。しかしそうするためには、人類学者は、その声を聞いてもらう必要がある。この点に関して人類学者は現在、もっぱら自分たち自身がつくり出した三つの障害によって妨げられている。

第一の障害は、文化を専門とする学としての人類学の自己提示そのものの中にある。確かに、すべてのとは言わないが、多くの人類学者がこのように自らの学科を表現する。戦略として、それは自殺行為である。あらゆる学がそれ自体の領分を区切ろうとするのは理解できるし、もし地理学者が空間、心理学者が心、生物学が生命で社会学者が社会をもつならば、人類学者が文化を自分のものだと主張していけないなんてことがあるだろうか？問題は、経済が絶大な力を握る資本主義体制下では——そこでは、人間の繁栄は、市場機能、ひいては社会と国家のための基盤に依存すると想定される——、文化は余分な装飾のようなものだということである。そのような体制の下では、文化は他者の努力を、観光やエンターテイメントやスポーツと同様に、私たちの消費と満足感のための商品に変えてしまう。文化とは豊かさの贅沢であり、それゆえに禁欲生活が始まると、最初になくなってしまう。よくあることだが、とりわけ難しい時代に文化の研究者として自己提示すると、人類学者は、実質的には周縁化されることを求めていることになる。多くの人類学者は、今日ますますこのことに自覚的で、とても恐ろしい「文化」という語句を使わないようにするか、あるいはその語を避けようと最大限の努力をする。実際、現在の皮肉の一つは、長きにわたって人間の多様性に対して目も耳も塞《ふさ》いできた他の多くの学がついに文化の概念をまさに受け入れようとし始めた矢先に、人類学がそれを捨ててしまおうとしているということである。だが、もし人類学が文化への関わりを捨てるならば、いったい他に何をするというのだろうか？　この問いはアカデミアで「学」が何を意味するのかという問題に関係するが、それについては、このすぐ後で立ち戻ってみるつもりだ。

第二の障害は、人類学の相対主義とのトラブルの中にある。二〇一五年に、ヨーロッパ社会人類学会（EASA）の理事会によって準備された「なぜ人類学が重要か」と題された声明は、文化相対主義を人類学の力の鍵となる構成要素だと認めている。[※2] 文化相対主義は、ある文化に属する人々は自分たちの信念に従って行動を判断するが、そうした判断は彼ら自身の内在的論理あるいは合理性を有しており、何人たりとも、絶対的で、文化から自由な価値の尺度によって優劣をランク付けされることはできないという見方である。あまり好意的だとは言えないやり方でこのことを表現するもう一つの方法は、人類学は何でもありで、要するに、人間の振る舞い——その最もグロテスクで、忌まわしいものでさえ——は、「文化の一部」だという理由で常に許されうるというものである。人類学者は、普遍的な人権の概念に関して言えば、煮え切らないことで評判が悪い。というのは、人権概念は、個人の資格や尊厳や人間であることの意味についての考え方に基づいているのだが、その考え方は西洋世界に歴史をもっていたとしても、人類学の調査対象の人たちにとってはほとんど意味をなさないのだと、人類学者が指摘するからである。しかし、例えば、何の倫理的な羅針盤も信じない学の意見などいったい誰が真剣に受け取ったりするものかと、人類学の批判者たちは言う。強硬な相対主義は擁護できない。というのは、もしあらゆる人々が、彼らの文化の世界に閉じ込められたならば、会話などできなくなるし、人類学者も仕事を失ってしまうからである。しかし、もう一つの道としては、私たち自身の発明の普遍性を主張するのではなく、寛大であると同時に批判的な精神でもって会話に加わることである。

ＥＡＳＡの資料が人類学の力であるとしたもう一つの要素は、「民族誌」である。その委員会にとって、民族誌は参与観察を意味する。委員会は、その二つを同じものと見ている。第1章ですでにこの混乱には触れておいたが、そのことが人類学の声を適切に聞いてもらえなくしている三つめの障害であると、私は考えている。なぜなら、民族誌は、参与観察をそれ自体の目的に従わせるからである。つまり、それが著述であろうと、写真あるいは他の映像メディアという手段によって提供されようと、他者の生を説明へと純化するからである。よい民族誌は、それが描き出すものに対して繊細で、文脈的な含みがあり、細部が豊かで、忠実である。これらが、称賛されうる性質である。しかしそのことが、民族誌家を束縛する。民族誌家は、人々とその声を舞台の中央へと上げるために、隠れるとは言わないまでも、舞台の袖で待機しなければならない。それは人々のショーであって、けっして民族誌家のものではない。たとえ、それを書き上《ライトアップ》げることは、民族誌家の功績であったとしても。さてもし、それが人類学のすべてなのだとすれば――もし、多くの人々にそう見えるように、人類学が民族誌に縮減されてしまったのであれば――その学の外部にいる人々は、人類学者には自分の言葉というものは何もなく、また人類学者の役割とは、一般人が人類学者から期待する「異文化」をめぐるデータを提供するだけのことであると結論づけることを許されうるだろう。人々は人類学を、深くかつ長期にわたる潜入取材を通じてのみ得られる珍奇なネタの豊かさが売りの高級ジャーナリズムとみなすかもしれない。実際のところ、現在世界中で、民族誌家はレポーターとして組み込まれていて、まるでそのことだけで人類学の実践になるかのように、観察と分析をフィールドから送り返すのだ。

しかし私の見方では、人類学の目的は全く違っている。それは、私たちが他の人たちとともに受ける教育から学ぶことを用いて、生の条件と可能性とはいったい何であるのかを推測することである。人類学者として私が信じているのは、私たちの言葉は実際のところ、私たちが調査研究した人々の見方を純化させたものであるというふりをせずに、じっくりと思索する自由、つまり**私たち**が考えを述べるのを大事にすべきだということである。もし、こうした研究がなければ、もちろん、私たちがしていることを言うことはできなかっただろう。しかし、私たちは、私たちの先生のために話すのではない。私たちが話すのは、**私たち**の心と精神によってであって、彼らの心と精神によってではない。また、私たちの心と精神によってではないふりをすることは、明らかに誠意がない。私たちが提示する人間経験の豊かさのおかげで、私たち人類学者には、言うべき途轍もなく重要なことがある。私たちはそれらのことを言うために、そこにいる必要がある。もしそうでないなら、もっと不寛容な、あるいは熱狂的な傾向のある他の人たちが、たちまち空白を埋めることになるだろう。結局のところ、正々堂々と実践者が意見を述べる特権をあきらめるような学が他にあるだろうか？ もし、彼らが自らの声で話すことができるのなら、私たちにだってできる。さらには、人類学の目的が民族誌のそれから切り離されてしまえば、例えば、建築、博物館学、比較史学は言うまでもなく、アート、デザイン、演劇、舞踊、音楽を通じて、人類学には、会話に加わるあらゆる種類の他の方法が開かれてくる。これらのフィールドの実践者たちとの協同作業の成功は、私たちがやっていることが、まさに民族誌**ではない**という認識に拠《よ》っている。

上述した障害を割り引いて考えても、人類学には、その公的なプロフィールを悩ませる誤解を正すためにまだ登攀《とうはん》すべき山がある。大衆的なステレオタイプが溢れ返っている。一つは、人間の起源の物語に革命を起こす発見を掘り起こそうと決意した――仲間を欺くために偽造品を埋めさえした――勇猛な化石探索者というステレオタイプである。一九一二年にサセックスの砂利採集場で「発見された」ピルトダウン人が捏造《ねつぞう》だったと明らかになるまでに四〇年もかかっている。偽造者が誰だったのかはいまだに分かっていないが、私たちはすでに第3章で、主要な容疑者に出会っている。誰あろう、アーサー・キース卿である。彼は一九三八年に、その発見と「発掘者」チャールズ・ドーソンなる人物の記念碑を公開したのである。*Eoanthropus dawsoni* と命名された生きものの写真――際立って毛深く、一方の手に槍を、もう一方に石器を持っている――が長い間、一般誌のページを飾ったのである。サルとヒトの間のミッシング・リンクがイギリスのど真ん中にあるとは、なんと便利なことか！　現代の起源神話――過去のある奇跡的な瞬間に、才気ある祖先たちが自然との絆を断ち切って、文明への止まることのない上昇を開始した――で育った人たちにとって、初期人類を発見することは、たまらない魅力を湛《たた》えたトピックだったのである。近年好まれる出アフリカ仮説には、世界を植民地化するために、アフリカのゆりかごから散らばった優れた人種が登場する。それは、ダーウィンとその同時代人によって好まれた白人ヨーロッパ人による植民地征服の物語に驚くほど似た仮説である。物語は逆転しているが、構造は同じである。秀でた知性を備えた、優秀な人種が他の人種に取って代わるのだ。

もう一方の極には、文明との接触によって汚れていない文化を発見するために乗り出すが結局は無駄足を踏む人類学者というステレオタイプがある。これは、ゲイリー・ラーソンの一九八四年の漫画『ファー・サイド』の中で見事にパロディ化されている。三人の先住民の紳士が家にいる。近づいてくる訪問者たちを見つけて、一人が警告の叫びを発する。「人類学者だ！　人類学者だ！」。他の二人はテレビ、ビデオ録画機、電話機といった機器をあわてて隠す。漫画の人類学者たちは真正の他者性を探し求めるが、彼らの要求はくじかれる。というのは、人々はすでに文明の恩恵を嬉々として受け入れているからである。多くの映画や小説と同じように、この漫画の中で、人類学者は、見せかけのものに溺れて先住民にだまされるマヌケとして諷刺されている。一九五六年に遡るが、よく知られたマヌケ《スプーフ》な行動の中で、アメリカの人類学者ホレス・マイナーは自らちゃぶ台をひっくり返してしまった。「ナシレマの身体儀礼」と題する彼の論文は、いまだにほとんど知られていない文化をもつ北米の遅れた部族のことを描いている。彼らの儀礼では、毎日口の中に魔法の粉を塗った豚の毛の束を挿入し、毎年聖なる口男がやって来る。[※3] ナシレマにはまた**ラティプソ**として知られる治療寺院があって、そこでは病気の人々に対して身の毛もよだつような儀式が行われ、その多くはけっして生還しない。マイナーは、そうした呪術に支配された人々が、どうしてそんな長い間生き残ってきたのかを理解することは難しいと結論づけた。というのは、真正性の神話〔本物の文化があるという考え方〕では、伝統的なやり方は、反復する現在の中に捕らえられ、進歩という単線的な流れに追い越されるので、原始文化は常に消滅の瀬戸際に立たされるからである。

悪者かマヌケのどちらかという人類学者のこうしたステレオタイプと、そのステレオタイプの基礎になっている起源と真正性の神話は、取り除いてしまうのが難しい。メディアでは、化石の頭骨を、伝統的な衣装を身に着けたりあるいは何も身に着けていない部族民たちが描かれたものと争わせて、見ている者たちに、祖先の過去と現代のエキゾティックなものを比べてみるように誘いかけることがある。その一方で、人類学的な知識がなかったり、訓練を受けてないけれども、辺境の人たちといくらかの生活経験があるレポーターたちが人類学者を名乗り、人間の条件についての広く知れ渡ったフィクションを、あたかもそれが科学調査の成果であるかのように、熱心に普及させる。彼らの本は、ベストセラーとなってきた。もし、人類学の専門家が異議を唱えようものならば、人類学者の不平を、負け惜しみか、学術上の内部抗争として示すチャンス到来とばかりにマスコミが大喜びするだけである。多くの人類学者は、調査対象の人々にしばしば味方するだけになお、状況は自分たちにとって不利であると感じるのも不思議でも何でもない。形勢を有利なものに変えるには、三つのことをしなければならない。第一に、別々の下位領域の寄せ集めというよりもむしろ単一の学として人類学を再確立することである。第二に、社会文化と生物物理という傾向の間で新たな調停を打ち立てることである。目下この二つの反目が、この学を分裂させる脅威となっており、またもし分裂してしまうと、文化と人種という双子の亡霊に出会うことになる。第三に、記述的かつ分析的であると同様に、思弁的かつ実験的である未来の人類学が、いかに生を変容させるポテンシャルをもちうるのかを示すことである。本章の残りの部分では、これらの野望のそれぞれについて私見を述べる。

何年か前に私の勤務するアバディーン大学で、人類学の新たなプログラムを開発する機会があった。それがかたちを取り始めると、私たちはそれを何と呼ぶのかを決めねばならなかった。「社会人類学」とするのがよいのか、飾りなしの「人類学」がよいのだろうか？　私と仲間たちはトレーニングを受けており、社会人類学者だった。それでも、私たちは「人類学」を使うことに決めた。月並みだけれども重要な一つの理由は、人類学（Anthropology）がAという頭文字から始まるということだった。今日のプルダウン方式のメニューでは、すべてがアルファベット順に並んでいる以上、人類学が重要であるのを伝えるのに、それをリストのトップに置く以上の方法があるだろうか！　しかしもっと重要な理由があって、それは、私たちが開発し学生たちに提示しようとしていたプログラムは、それ独自の学であるべきで、より大きな学の特殊な下位部門ではないのであって、またその関心はそれゆえに、人間の生の特定の面というよりは、あらゆる面に関わるべきだという確信だった。しかしこのことは、人類学のような学科について、それが「学」であるということがいったい何を意味するのかという問いを提起することになった。もし、私が論じたように、それが人々**についての**研究をするというよりもむしろ、人々**とともに**研究する方法であるならば、それ独自の知的領分を主張できるなどとどうして言えようか？　そのような主張を拒絶する限りにおいて、人類学は、真に**反学問**であると言われうる。なぜなら、それは知識の世界を、個々の学が支配する別々の部分へと分割する、知的な植民地主義に関わらないからである。

しかし、人類学の実践をよりよく反映する学を想像する別の方法がある。つまり、人類学を会話として、またその実践者たちを学者のコミュニティとして考えることである。一般に、第2章でコミュニティについて私たちが学んだことは、それゆえに、特に学にあてはまるだろう。学において人々は、共通領域を防衛するために統合されるよりは、違いによって結びつけられている。それゆえに、人類学は、文化や何か別のものに対して排他的な要求をすることはない。研究の風景は、社会的な生それ自体の風景のように途切れることがない。そこで人類学者たちは、鼻に頼って、問いについて見込みがある出所を嗅ぎ分けて、線を辿っていく。彼らは追跡道《トレイル》上のハンターのようなものである。狩るためには、動物の夢を見なければならない。動物がするように、皮膚の下で感じるために潜《もぐ》り込む。すみずみまで動物を知るのだ。また周囲で何が起きているのか、それが何を示しているのかに、つぶさに注意を払わなければならない。人類学も同じである。それは人の夢を追い、世界の皮膚の下に潜り込み、内側から知り、観察から学ぶことに関わっている。その時人類学は、ハンターがするように、人間経験の風景を通して、トレイルの寄せ集めを辿っていく。そのいくつかは第3章でリストアップしたが、近年の人類学の増殖——医療、映像、環境、認識など——は、したがって、その学の断片化の前触れなのではない。というのは、そのそれぞれが、その寄せ集めのうちに、自らの方法を見つけ出す特定の手段を提供するからである。多くの人類学を結びつけることは、連続的な風景を通じて、すべてのトレイルを縫うように進むことである。

これこそが、私たちのプログラムの中であらゆる角度から人間存在を検討することを私たちが決意した精神なのであった。人類学を結びつける接着剤とは、経験の統合であると私たちは主張した。人類学者はしばしば、この統合のことを**ホーリズム**という概念で表明する。人類学者がこのことで言わんとするのは、人類学の仕事とは、もしそれがなければ個々に分かれた研究の違った学に割り振られかねない生の諸局面が、どう絡まり合うかに焦点をあてることだというものである。経済学者なら市場を、政治学者なら国家を、神学者なら教会を研究するようなことになるが、人類学者であれば市場、国家、教会が人間経験の中にいかに互いに混じり合っているのかを示そうとするだろう。同じように私たちは、人間の生が身体、精神、社会のレイヤーにばらばらに切り分けられたり、その研究が生物学者、心理学者および社会学者の間で分割されうることを認めない。人類学の主題とは、分けられない人間性である。この立場の古典的な表明は、一九三四年のフランス民族学の創始者マルセル・モースの身体技法についてのエッセイに現れている。人間存在の生物学的および社会学的な側面に焦点をあてるだけでは十分ではない、とモースは論じた。それだと、彼が「心理的媒介」と呼ぶものを除外してしまうからである。心は、必ず身体と社会の間に入り込む。私たちには「三つの視点、つまり『全人』の視点」[※4]が必要だと、彼は宣言した。しかしこの全体性の考え方は、危険をはらんでいる。なぜならそれは、その存在が、取り巻かれ、包まれている完全な人間を仮定してしまうからである。未決定の部分がなければ、生は続かない。それは常に逃れていかなければならないものでもある。そのため、ホーリズムと全体性は同じものではない。というのも私たちは、前者でもって、つなぎ合わされた存在の最終形態というよりもむしろ、生の無限性を考えているからである。

要するに人類学は、生の過程に入り込み、それに沿って進むことによって作動する学なのである。このことはたぶん、その学科を新たに学び始めた学生から発せられる質問に答える助けになるだろう。人類学は社会学とどう違うのか？　違いはないと答える人がいるかもしれない。ラドクリフ＝ブラウンにとって、社会人類学自体は社会学の一部門であり、かつて単純で、小規模で伝統的であるとされた諸社会に対する関心によって区別された、ということを思い出してもらいたい。この区別は、今日ではもはやあてはまらない。現代では、人類学者が、海外と同じように自国《ホーム》で、また田舎の辺境地域と同じように大都会のど真ん中で調査することもふつうに行われている。社会学者としては、調査方法の武器庫に民族誌を追加し、分析の中に質的なものと量的なものを混ぜ合わせたというわけである。多くの大学の学部と学位のプログラムでは、社会学と人類学はなだらかに結びつけられている。だが私自身を含めて、多くの人類学者はいまだにこの二つの学の間にある深い差異を感じている。詳しく説明するのは難しいが、そのことは、「社会科学」として知られる偉大な二〇世紀半ばの実験という不朽の遺産と関係があると、私は考えている。それは、社会の事実は、厳密な科学的理解に従って、自然のそれと同じ客観性と権威をもって記録されかつ分析されなければならないという約束で始められた実験であった。この約束は「実証主義」という一語で要約される。社会科学はその後、実証主義の唱道者とその反対者との間の議論につきまとわれてきた。社会学という学が、その現代的な形式において鍛えられたというのが、こうした議論の核心部分であった。

しかし、このことにおいて、人類学は一貫して傍観者のままであった。科学の翼と人文学の翼、つまり生物物理学的な翼と社会文化的な翼の間で二つに折れてしまっているので、人類学は、社会現象の研究に科学を持ち込もうとするプロジェクトには、ほとんど力を注いでこなかった。ラドクリフ＝ブラウンは、彼が「社会の自然科学」と呼ぶものとして社会人類学を打ち立てようと提唱したが、それはけっして本当の意味で始まることはなかった。実証主義的な科学に歩調を合わせるよりもむしろ、社会的および文化的な傾向のある人類学者たちは、人文学の、つまり歴史学、哲学、比較宗教学や言語および文学の研究などの他のアプローチにヒントを求めて向かっていったのである。社会文化人類学者はまた、民族誌──**彼らの**言葉では、要するに、参与観察のことを指している──が、たとえ持続的な参与と観察的な関与を全く含まなかったにせよ、分析のための量的なデータを採ることができるような、質問やインタビューのほとんどすべての技術を網羅する、社会学者やその他の社会科学者によって占有されてきたやり方を、完全には受け入れることはできなかったのである。今日、社会科学のプロジェクトは、大部分は燃え尽きてしまった。というのは、「自然科学寄りの科学」にとっくの昔に捨てられて以来、実証主義に関わり、かつ人間の生の形式について客観的に問うことが可能であるかどうかに関する解決不能の論争によって麻痺してしまったからである。それは、知的な一貫性の土台の上にというよりも、運営上の便宜のために集められて、経済学と経営学から教育と社会心理学に至る諸学の連携のようなものとしてわずかに生き残っているだけである。形式的に社会科学に分類される時でさえも、人類学はそれには脆弱な足がかりしかもたない。その学の未来は、どこか別のところ、科学とアートの今日的な合流の中にあると、私は考えている。

しかし、もし人類学が未来をもちうるのだとしたら、祓《はら》わねばならないまま残っている二つの内なる悪魔に対決することなくしては、この合流に向かっていくことなどできない。それらは、人種と文化という悪魔である。人類学者は、目の前にある事実に関わらなければばならない時に、語の意味を心配し続けていると非難されることがある。しかし、言葉など重要ではないと考える人たちにとって、「人種」と「文化」という事例は不安を抱かせるにちがいない。「人種概念」は、アメリカの人類学者エリック・ウルフがかつて述べたように、「殺人や大量虐殺の中心を占めていった」[*5]。ウルフは一九九〇年代初頭に、ユーゴスラヴィア紛争が頂点に達し、すべてのコミュニティが「民族浄化」作戦において一掃されている時に書いている。そこでは、人種ではなく文化が大量虐殺に動機を与え、その影響を受けた人たちにとって、結果は壊滅的なものだった。では、人種と文化の概念の中で、いったいどんな原理が結びつくことによって、それらが潜在的な大量破壊兵器にまでなったのだろうか？　二つのこと、つまり**本質主義**と**継承**がそこにはある。それぞれはそれ単独では無害だが、組み合わされると死を招く。本質主義とは、すでに第2章で触れた、ある集団が、成員が共有するある属性によってカテゴリー的に定義される教義のことである。継承とは、そうした属性が、独立的にかつ世界の中に生まれるに先立って、それぞれの世代の受け手に与えられるという原理である。継承のメカニズムは遺伝的な場合も模倣的場合もあり得、その属性は生得的なものも後天的なものもあり得る。理屈は、どちらでも同じである。そしてこの継承の論理は、本質主義的思考と結びつくことで、人類学的構成の内側に深く埋め込まれたままとなる。

人類学者は、二つの方法で、人類学から人種思考を取り除こうとしてきた。最初のものは、すでに述べたのであるが、現生人類の分類を種から亜種へと縮減することであった［ホモ・サピエンスをホモ・サピエンス・サピエンスとしたこと。第3章参照］。だが、すべての人間が亜種の一つであると言ってしまうと、人種の概念を捨ててしまうどころか、人種思考を肯定してしまうことになる。それは、人種が存在するということではなく、先史の深い部分で、実際に人類という際立った種族があったと主張することである。どのようにして私たちの祖先である生きものが、人類の別の亜種である原住のネアンデルタール人を犠牲にして、ヨーロッパ大陸を席巻したのかという物語が語られる。不運なネアンデルタール人は、およそ四万年前に絶滅してしまったと考えられるが、その何千年も前に、彼らは私たちの祖先の人類と共存していたし、交雑さえした。私たちが旧石器時代に生きていたならば、人類の複数の人種のことについて話すことは、受け入れられただろうか？　現代人には共通してあるが競合者にはなかった属性を手に入れたおかげで私たちの祖先が勝利し、それ以来、私たちの遺伝子の中にその属性が組み込まれたということが、いまだに広く信じられている。この本質主義と継承の混合は、人類学者が人種思考の災難を消し去ろうと試みた第二のやり方、すなわち遺伝を遺産に置き換えることによっても揺らぐことはない。人類学者は、人間とは人種によってではなく、文化によって分けられていると主張する。しかし、人類学者に個々の文化が存在することを主張させるような道理は、もし遺伝的に継承される変異にそれを再びあてはめてみるならば、人種が存在することへと一直線に戻ってしまうだろう。

要するに、人種の科学を拒絶しようと熱心に努めながら、人類学者はそれを生み出す原理そのものを再生産することに寄与してしまっているのだ。なぜこうしたことが起きたのかを正しく理解するために、原初の時点で、形質人類学と文化人類学を別々の軌道に載せた決定《セトルメント》へと立ち戻る必要がある。「超有機的」と題する一九一七年の論文の中で、クローバーによって最初に確立されたその決定は、生物人類学と文化人類学の完全な独立を主張し、互いの研究を、多かれ少なかれ独立的に進展させていくことになった。第3章ですでに見たように、その決定は、形質人類学ではなくて文化人類学ですぐに効果が出始めた。第二次世界大戦が終わる直前まで、人種科学があからさまに盛んになったのである。しかし戦後の人類学者は、戦間期に彼らの学を痛めつけた人種主義につきまとわれて、文化の差異はそれ自体が生物学的なものでもありうることを、もはや認めることができなくなっていた。そのアイデアは、文字通り考えてはいけないものとなったのである。こうした共通認識は、一九九六年にアメリカ自然人類学会（AAPA）によって発行された「人種についての声明」[※6]の中で改めて述べられている。その声明は、「生物学的な性質と文化的に定義された集団の間には必然的な一致はない」という主張で始まって、「文化的な性質を遺伝的な継承へと帰することは正当と認められるものではない」と結論づけている。これらの言葉は注意に値する。というのは、その中には、その声明が取り潰そうとしている思考そのものの胚《はい》が潜んでいるからである。最初は「生物的性質」と呼ばれているものが、最後には「遺伝的な継承」と言い換えられている。

問題の真の源泉はクローバーが考え、またAAPAによって反復されたように文化的な性質と生物学的な性質の混同のうちにあるのではない。問題は、生物学的な性質を、継承された遺伝子に帰することのうちにある。そしてこのように帰することは、進化論的アプローチの中心部分にいまだに根強く残っている。進化論的アプローチとは、人間の変異をそれぞれ「生物学的」だったり「文化的」だったりする、継承された要素に分解するものである。あらゆる人間をその二者の混成体であるとみなす二つのあるいは「二本立ての」継承――一つは、遺伝的複製を通じて、もう一つは学習に基づく類似による複製を通じて働く——という考えに基づく、生物文化的進化の理論は、大衆の支持を集め続けているのだ。しかしこうした理論は、すでに第2章で見たように、本質的に循環論的で、個体発生の結果をその原因と取り違えてしまっている。それは、それらのことを生じさせるプロセスに先駆けて、成長する有機体の特性をでっち上げることによって、その循環を閉じるように見せかける継承の論理である。ここでは継承は、成長の道を避けて通る理論的な近道として機能している。しかしこの道は、生物学的な特性が**それ自体文化的に異なっている**という前提に基づいた新たな決定への道を示すことになる。二〇世紀の人類学にとって思いもよらなかったこと、つまり文化的な変異と生物学的な変異が一致していることは、二一世紀の人類学の基礎をなすものとして今まさに現れつつある。そのことは、成長する脳の経験に対する順応性を示す神経可塑性についての諸研究、動きが身体を鍛え、知覚が感覚を鍛えるしかたについての諸研究において、また栄養補給と運動が骨格の生長に及ぼす影響を明らかにする解剖学の諸研究においてでさえ立証されている。

遺伝的な継承という足枷《かせ》から生物的な変異を解放し、遺産の軛《くびき》から文化の差異を解き放つことで、私たちは最終的に、人種と文化の悪魔を葬り去ることができる。人間性は、個々の文化の中に分割できないのと全く同じ理由で、個々の人種の中に分割することができない。その理由は歴史の中にある。人間存在は、歴史の行為主として、自らの生の生産者であり続けた。さらにこの歴史とは、有機体の世界を通じて進行するある生の過程の一部である。お望みなら、この過程を進化と呼んでもかまわないが、これは、進化人類学のほとんどの研究者がこの言葉で言い表しているものではない。振り返れば、人類学の悲劇とは、その学の社会文化的な部門と生物物理的な部門の間の交換の条件が、狭義のダーウィニズムの用語で言い表されている進化のパラダイムによって定められたことにある。現在ネオ・ダーウィニズムが現れる状況の中で、進化のパラダイムは継承という固まった考えに断固として力を注ぎ、批判を受け入れるようなことはない。人類学にとって、それは袋小路を意味した。人々が継承する特徴が戯画的に動くもの以上に現実の人々を扱おうとしない理論家たちは、実際の会話から自分たちを自発的に排除してきたのである。彼らは他者を真剣に受け取ることを言明する未来の人類学では、何の役割も担うことができない。人類学の来たるべき偉大な挑戦の一つは、進化科学の主張をつくり替えてしまうことであろうと、私は考えている。遠洋の大型タンカーのように、それはゆっくりと向きを変える。それが起きると、人類学は、人間の経験の豊かさと分割不可能性の中にその統合性をついに再発見するだろう。

それでは、この人類学は、科学になるのだろうか、それともアートになるのだろうか？先に私は人類学者をハンターにたとえた。人類学者は夢見る人でもある。観察から学び、物事の内側からそれを知るために皮膚の下に入り込む生の技法に従う者。間違いなく同じことをするのが、アートの役割である。生の流れの中にある存在の内側から知識が成長するのに任せて、私たちの感覚を再び呼び覚ます。最も人類学的であるアーティスト、パウル・クレーは、一九二〇年の『創造的信条』の中で、「アートは見えるものをつくり出すのではなく、見えるようにするのだ[※7]」と宣言した。クレーの格言は、同じ強度で人類学にあてはまる。世界を写し取る鏡を持つのはアートではなく、あるいは人類学でもない。むしろ、関係と過程のただ中に入り込んでいくことが世界のモノを気づきのフィールドに連れてくるためにモノを生じさせる。アートと同じで、人類学は、あるがままのものを描いて分析することだけに結びついている必要などない。それはまた実験的でもあり、思弁を許されている。人類学者のフィールドはもちろん実験室でもなければ、またあらかじめある仮説をテストするために巧妙にシナリオを組み立てる科学的な意味での実験の場所でもない。しかし日々の生活のあらゆる瞬間と同じように、私たちはモノに介入すること、またその介入が導いてくれる場所に導かれていくことによって実験することができる。これは、他者にあるいは世界に問いかけ、その答えを待つことである。それは、あらゆる会話において起きていることである。そしてあらゆる会話がそうであるように、それは関わる人すべての生を変容させる。

しかし、人類学的な会話がそのように、問いとしてのアートであると考えられるのであれば、科学に対立する必要はない。それは、むしろ**科学すること**の別の方法――今日、科学と呼ばれているものの大半よりも謙虚で、人間的で、持続的な方法――のほうへと向かっている。それは、世界を説明する排他的な力を騙《かた》るよりも、世界に結びつこうとするやり方である。人類学はすべてのことをデータに還元したり、こうしたデータを製品、あるいは研究政策立案者なら「成果」と呼ぶものへと変えたりすることを望んでいるのではない。本当のところ、他の学の研究者と同じように、私たちは本や論文を出版し、先人たちの貴重な寄稿からなる文献を収集し、学生たちにそれを読むように要求する。だが、本当に重要なことはそのことではない。人類学の真の貢献は、文献にあるのではなく、生を変容させる力にある。これが「応用人類学」のアイデアが牽引力をほとんどもちえない理由である。私たちは、私たちの知識を、純粋で、汚れが付いていない未使用のままで、自らに独占しておきたいのではない。私たちと他者との実践的な関わりからそれ自身が成長しない知識などありえないからである。最後の手段として人類学者を駆り立てるのは、知識を希求することではなく、気づかい《ケア》の倫理である。私たちは、他者にカテゴリーや文脈を割り当てたり、他者を説明し尽くしたりすることで、他者を気づかうのではない。彼らを目の前に連れてくる時に私たちは気づかい、彼らは私たちと会話し、私たちは彼らから学ぶことができる。それが、すべての人にとって居場所がある世界を築く方法である。私たちは皆で一緒に世界を築くことができるのだ。

解説

奥野克巳

本書は、イギリスの出版社ポリティ・プレスのWhy It Mattersシリーズの一冊として出版された、Tim Ingold, 2018 *Anthropology: why it matters.* Polity Press. の全訳である。

＊

ティム・インゴルドは、一九四八年イギリス・バークシャー州レディング生まれの社会人類学者で、現在アバディーン大学教授。一九七一〜七二年にフィンランド北東部のスコルトサーミのフィールドワークを経て、一九七四年からマンチェスター大学の講師に着任し、一九七六年にケンブリッジ大学で博士号を取得している。一九七〇年代から九〇年代にかけては、北極圏におけるトナカイ遊牧と狩猟の調査研究をベースとしながら、人間と動物、進化をめぐる広範な研究を手がけた。

一九九九年にスコットランドのアバディーン大学に異動し、二〇〇〇年には、それまでの研究の集大成である *The Perception of the Environment: Essays in Livelihood, Dwelling and Skill.* Routledge. を出版している。アバディーン大学に移ってからは、人間と環境をめぐって、従来の人類学の枠におさまらない思索を展開し、その著作は各分野で高く評価されている。二〇一一年には、主著の一つとされる *Being Alive: Essays on Movement, Knowledge and Description.* Routledge. を出版している（インゴルドの経歴や業績に関しては、生田二〇一八を参照）。

これまでに日本語に翻訳された著作には、『ラインズ――線の文化史――』（工藤晋訳、管啓次郎解説、二〇一四年、左右社）、『メイキング――人類学・考古学・芸術・建築――』（金子遊＋水野友美子＋小林耕二訳、二〇一七年、左右社）、『ライフ・オブ・ラインズ――線の生態人類学――』（筧菜奈子・島村幸忠・宇佐美達朗訳、二〇一八年、フィルムアート社）があり、本書は邦訳四冊目になる。

「人類学」を冠したタイトルからも分かるように、本書は、日本の読者に紹介されてきたインゴルドのこれまでの著作とは趣が異なり、自身が受けた人類学の教育や研究者・教師としての経験を振り返りながら、人類学を評価した上で、未来に向けて人類学を大胆につくり替えていくための構想を示している。邦訳のある類書としては、彼のケンブリッジ大学の師であり、本書でも数回言及されるリーチによる、あけすけで遠慮のない批判を随所に散りばめた、一九八二年の『社会人類学案内』（リーチ 一九八五）が真っ先に思い浮かぶ。しかし、ポストモダン／ポストコロニアル人類学（いわゆる再帰人類学）の時代を経た今日、リーチの「私の性に合った人類学」とは隔世の感がある全く新しい人類学の景色を、インゴルドは読者に提示してくれている。人類学は、これまでよく言われてきたような、人間の研究や異文化理解の学問ではもはやない。人類学とは、人々についての研究ではなく、人々とともに研究することである。

「知識は私たちの心を安定させ、不安を振り払ってくれる。知恵は私たちをぐらつかせ、不安にする。知識は武装し、統制する。知恵は武装解除し、降参する」（一五頁）

「アニミズムは……今日では、実在の完全性の理解において、科学を凌駕する、生の詩学である」（三〇頁）

「生においては、諸関係があらかじめ与えられるのではなく、絶えずつくり出さ

れなければならないものなのだ」（一一五頁）

「人類学も同じである。それは人の夢を追い、世界の皮膚の下に潜り込み、内側から知り、観察から学ぶことに関わっている」（一三五頁）……

本書の至るところに、こうした、とても印象深く含蓄のある、まるで詩を読んでいるかのような、眩いばかりの言葉が散りばめられている。

他方、本書の流れとしては、途中で枝葉が生じ、繰り返しや論理の飛躍があるだけでなく、扱っている領域も、生物学や環境科学、政治経済学などにわたっていて、必ずしも読みやすいものとはなっていない。読者には、現象学の流れを取り入れながら、独創的に展開されるインゴルドの思想だけでなく、人類学の諸理論、さらには彼が受けた人類学教育や学史が重層的に盛り込まれたその論の運びは、いくぶん錯綜《さくそう》しているように感じられるかもしれない。そのことはまた、まさにそうした諸関係が交差してくるところで、インゴルドの人類学がつくられていることの表現にもなっていると考えることもできよう。

こうした点を踏まえて、またインゴルドの思想の吸収が、日本国内では人類学よりも先にアート、建築学界隈などで進められたこともあり、本書が、人類学それ自体にあまり親しみのない日本の読者の助けになることを願いつつ、以下では、各章の流れを大まかに辿りながら、本書の論旨を辿ってみたい。

＊

「私たちはどのように生きるべきか」という問いから、本書は始まる。その問いに対して、世界中に住まうすべての人々の経験と知恵を注ぎ込むのが人類学だと、インゴルドは最初に述べている。それは、インゴルドも言うように、人類学の一般的イメージに照らすならば、いくぶん奇異に感じられるかもしれない。人類学とは、その名が示す通り、人間（人類）を探究する学問だったのではないのか？あるいは、なじみの薄い土地に出かけて行って長期にわたってそこに住み込んで得たデータを持ち帰り、見知らぬ文化を描き出し、私たちの異文化をめぐる知識を膨らませてくれる学問だったのではないのか？　いや、そうではないのだと、インゴルドはきっぱりと言い切る。本書の中でインゴルドは、これまでの人類学とは異質の真に新しい人類学を打ち立てようとする。

人類学は、哲学のように、もうこの世にはいない白人の古典的なテクストを読解するのではなく、世界の真っただ中に分け入り、人々とともにする、もうひとつの哲学である。この種の哲学が、数々の衝突、貧富の格差、環境汚染など、世界が臨界点に達している今、必要とされているのだという。未来にも生がありえるために、私たちはどう生きるべきかという難問からの出口を探ることが、人類学が取り組むべき課題である。

そのために人類学がなすべきことは、情報や知識で溢れ返っている世界にさらなる知識を付け加えることではないと、インゴルドは言う。世界とは、研究の対象ではなく、研究の環境である。研究過程と諸関係の中に没入することは、批判者が言うように人類学の脆弱《ぜいじゃく》さなのではなく、逆に、強さである。「知識」はモノを固定したり説明したりする時に用いられるが、「知恵」は世界の中に飛び込み、そこで起きていることにさらされる危険を冒すことから開かれる。今日、世界は知識に大きく傾いている。人類学の仕事とは、知識に、経験と想像力の溶け合った知恵を調和させることである。

「教育のない」「無知と片づけられてしまう」人たちからこれまで積極的に学ぼうとしてきた点で、人類学は特別である。だが残念なことに、人々は「情報提供者」としてしか位置づけられてこなかった。人類学者は、彼ら「とともに」研究しながら、現実をデータに変える瞬間に、「彼らの言うことが何を語っているのか」にしか関心を示さなくなる。第5章で論じられるように、調査研究した人々の見方を「民族誌」の中に純化させてしまうために。インゴルドによれば、それは人類学ではない。人類学が世界に飛び込んで行う「参与観察」とは、生きる方法を探るという、人間の共通任務に関わることであり、たんなるデータ収集ではないのだ。参与観察とは、やりながら学ぶことに他ならない。

インゴルドの人類学がユニークなのは、人類学とは民族誌ではなく、その二つは別物で、人類学とは「民族誌プラス思索」であると考えている点にあるのだが、そのことはまた、第1章のタイトルにもなっている「他者を真剣に受け取ること」という、インゴルドの人類学の最も重要なテーゼに深く結びついている。世界に没入し、人々とともに「私たちはどのように生きるべきか」を考えるのであれば、どんな突飛なことであれ、禍々《まがまが》しいことであれ、彼らのことを切に受け取ることから出発しなければならないし、そのことが人類学の基礎に置かれるべきなのである。逆に言えば、アイベスフェルトの調査手法をめぐって述べられているように、調査対象の人々と仲良くしながら盗撮まがいの行為でデータだけを集めるというやり方は、インゴルドにとって、乗り越えなければならない人類学者の悪しき振る舞いなのである。

したがって、人々が何を言おうかしようが、彼らが言うこととすることを、私たちの知識体系に加えるためだけに取り扱うならば、「他者を真剣に受け取る」という態度に背くことになる。しかし「他者を真剣に受け取る」とは、人類学が、異文化理解を深めるために、これまでやってきた、あたりまえのことではなかったのか？　いや、それは人類学では決してなされてこなかったのだと、インゴルドは見ている。人々は、事実と幻想を区別できないとか、文字通りのものと隠喩的なものを区別できないと高をくくった上で、人類学者は民族誌を書き上げてきたのである。この点に関し、他者の「アニミズムを真剣に受け取る」という視野から研究を進めたのが、インゴルドの教え子でもある、デンマークの人類学者レーン・ウィラースレフである。『ソウル・ハンターズ』は、この問題の延長線上に書かれた民族誌の傑作として読むことができるだろう（ウィラースレフ　二〇一八）。

インゴルドは本書の中で、カナダの先住民オジブワの石をめぐるアニミズムを取り上げている。インゴルドは、事実と空想、経験と想像力を区別するのではなく、それらの和合の中に、石やそれ以外のモノを含め、「モノが生きていること《ライヴリネス・オブ・シングズ》」を理解しようとする。そのことが、他者の「アニミズムを真剣に受け取る」ことに他ならない。人類学は、人間の生の多様性をカタログ化するのではなくて、人間の生そのものと会話する。すべての参加者が絶えず変容にさらされるような会話に加わり続けることが「他者を真剣に受け取る」ことになる。そしてそれこそが、インゴルドがつくり替えようとしている未来に向けた人類学なのである。

＊

第2章では、人類学において「自然」と「文化」が奇妙に切り分けられる問題が取り上げられ、それを乗り越えるために、「関係論的思考」の必要性が説かれる。「自然と文化」「類似・共通と差異」「普遍と個別・多様性」という二元論が議論の背景にある。

インゴルドは、世界が多様性に満ちているという見方は人類学にとって危険だと言う。私たちは一つの世界に住んでいるからである。それゆえに人類学は、多種多様な異なるものからなる世界が一つであることを示すことに挑まなければならない。そのためには、こんがらがった自然と文化の問題を解きほぐす必要がある。自然と文化は現実には、きっちりと切り分けられていない。生態学者は自然を生物「多様性」の世界とみなしているし、心理学者は認知を「普遍」とみなす。人類学者は人間を動物あるいは自然界の一部だとみなす一方、自然界から脱してそれらを超えてしまっている存在とみなす。人間が自らを物質界の客体の中を漂う主体だと考えているのであれば、人間は最初から生物的な次元と文化的な次元に引き裂かれてしまっているのだとも言える。

さらに、自然と文化をめぐる思考はチグハグである。二足歩行するのが自然で、荷を頭に載せて歩くのは文化だと言うのはおかしい。自然と文化が人間の中に別々にあるわけではないからである。自然と文化とは何であるのかが問われるべきなのに、それらの原因となる行為主を想定することもおかしい。自然の中の遺伝子が文化にあてはめられ、「ミーム」と呼ばれるが、人間行動を説明しようとしながらその原因が説明されてしまっている。

•

おかしいのは、それだけではない。遥かな過去に人間は毒蛇を警戒し、生き延びて子孫を残したが、その普遍的な能力が人間の中に定着し、今日なおも残っていると言われることがある。今日では銃や自動車のほうが危険なのに、蛇の夢を見て恐怖で飛び起きるのは、意識下の狩猟採集民が前面化するからだとされる。そうした説明にインゴルドは異を唱える。行為を本能に帰することで、発達過程の結果をその原因と読み替えてしまっていると。

人間は遺伝子によってつくられるのではなく、人間とは、直面する条件にあらゆる瞬間に反応しながらつくられる自らの生の産物だというのが、インゴルドの考えである。蛇を怖れる傾向は発達するのである。人間が共通に持っているものが、そのつどつくられるのなら、人間の差異とは、自然という共通の土台に加えられるものではない。同じように、二足歩行という普遍的な能力があって、環境や文化的条件に応じて歩き方が異なるという、二つの事態があるのではなく、その二つは同じ一つである。「私たちの身体とはすなわち私たちのことであり、私たちは身体なのだ。身体が老いれば、私たちも老いる」（五〇頁）。私たちは絶えず自分自身を創造し、互いを創造し合っていると、インゴルドは見る。

問題は何かと言えば、自然という普遍の土台に文化が加わって、枝分かれして多様化しているという考え方である。その考え方はまた、ヨーロッパ中心主義的な史観を生んできた。私たちにはできないが、彼らにはできることがある。例えば、しゃがんだり、頭に荷を載せて歩いたりすること、つまり彼らだけにできることを、私たちは文化的伝統の特異性だと語る。そのことから言えるのは、人間にとっての普遍とは、西洋の優越性を支えるくらいのものでしかないということである。普遍がそのようなものだとすると、個別的な文化とは何なのか？　文化とは、自然という普遍の土台の上に能力を身につけ、個別へと可能性をせばめていくというこれまでの見方（ギアツによる）とは逆に、目の前の限界を絶えず乗り越えて開いていく動きのことなのではあるまいか。人間の生とは自然の中で始まり、文化によって分割されていくのではない。全ての幼児が異なっているのは、生まれ落ちて、他人の生の様式に合流し分岐するからである。その合流と分岐は、生がある限り続いていく。

こうした議論から、いったい何が言えるのだろうか。文化を自然から切り分けて、文化の次元では「こうする私たち」と「ああする彼ら」というふうに、それ

•

ぞれの「自己同一性」を強調して語ることで、私たちは世界の分割をますます進めてしまっている。だが、自然と文化が切り分けられていないという点にまで立ち戻るならば、私たちは共通の場に、経験や見解や技能などを持ち寄り、絶えず世界をつくり続けていることになる。それゆえに、自己同一的なものが、あらかじめ存在するのではないのだと言えよう。それは「関係論的」に成立するのだ。

関係論的思考に対比されうるのが、「私たちのような人々」という語り方を生むことになった「属性的」思考である。属性的思考が、安定的に自己同一性を支え、世界は多様性に満ちているという見方を強化している。翻って、自然と文化というしぶとい二元論の陥穽から逃れるためには、関係論的思考が手繰り寄せられるべきだろう。それは、仏教思想の「相待の仮説」、縁起の思想に似ているように思われる（奥野・中上 二〇二〇）。「存在しているものが関係から生起しているなら、それは実体として存在するのではなく、仮に想定されたもの、言語によって仮にそういうものとして認定されたものだ」（南 二〇一九：五八－九）。行為としての関係が、存在を規定すると見るのが縁起であり、関係論的思考である。関係論的思考では、「私たち」は、諸関係で結びつくことにより、共同体を形成する。

私たちは、自然と文化が混じり合って、そのつどつくられる存在なのである。自然と文化、類似と差異は、手を取り合って進んでいく。世界とは、普遍の台座でもなく、人間の多様性の保護区でもなく、無限かつ絶えず創発する歴史的な変奏のフィールドなのである。

＊

一九六六年、ケンブリッジ大学に入学したインゴルドは、科学の進歩がもたらした発癌や放射能などの諸課題に対して、自分こそがその対処にあたれるとする科学の傲慢な態度に辟易《へきえき》する一方で、本や文献のみと向き合って現代の諸課題に取り組もうとしない人文諸学の態度にも得心がいかなかったという。彼はその両者を統合し、しかも生きられる経験を見失わないでいると思われた人類学を専攻するようになった。だが人類学もまた、自然科学と人文知の双方によって引き裂かれていたのだった。しかも人類学は、近年ますます細分化される傾向にある。はたして人類学をまとめ上げるものはあるのか。人間の学を打ち立てるという壮大な野心とともに始まったのに、なぜこんなにバラバラになってしまったのか。第3章では、第2章で見た、インゴルドが世界の歪みの基礎にあると位置づける自然と文化をめぐる問題を受け継ぎながら、人類学もまた自然科学と人文学に引き裂かれた学であることが論じられる。「ある分断された学」は、未来に向けて統合されなければならないのである。

他の学はたいてい学祖を誇るが、人類学の学祖は、変人や人種主義者や宝物あさりや文化泥棒たちだったと、インゴルドは言う。とは言うものの、人類学もまた理性の時代の申し子であった。いずれかの時点で、文明の大きな物語が始まらなければならなかった。そのため、人間は最初「未開」でなければならなかったのである。一八世紀イギリスのホッブズやロック、フランスのルソーらはこぞって始原の人間の姿を描き出したが、それらにはほとんど証拠がなかった。その後、人間だけが精神を有しているために、人間であることを理解することができるのだと考えられるようになった。若きダーウィンは、ティエゴ・デル・フエゴ島の到着に際して、現地人を見た時「私たちはサルやヒヒの子孫ではないか」と思ったという。その直観はやがて、著書『人間の由来』（一八七一年）のアイデアの基礎となり、精神は、最下等動物で原初的なものとして誕生し、人間文明において頂点に達したと論じた。

より聡明な者たちが知性に劣る者たちに取って代わるとするダーウィンの「自然選択」説は、時代の思考の中に組み入れられ、モーガンの『古代社会』やタイラーの『未開文化』などの著作を生み出した。それらの研究の底流には、人間には精神能力が同質的かつ普遍的に授けられている一方で、民族ごとに文明化の度合いが異なっているというアイデアがあった。そうした思想は、ダーウィンの意図を超えて、進歩を確実にするために、文明化された人たちが自然の手助けをして劣っている人々、非白人種の消滅を早めるべきだという考えに発展した。人類学は、こうした進化論のアイデアの爆発の中で、形質人類学、考古学、社会／文化人類学という三領域を生み出した。進化論全盛の時代、スコットランドの人類学者キースは、偏見と外国人嫌悪こそが、人類のためになると説いている（一九三一年）。第二次世界大戦を経てようやく、人類はすべて道徳的・知的な能力において等しいとされるようになる。その時代、人類の単一性を強調するために、「ホモ・サピエンス・サピエンス」という再分類がなされるようになった。ホモ・サピエンスに「サピエンス」を付け足す、この二重の切断の裏には、文明の途上で人間性が生み出されたという想定が見え隠れする。

インゴルドが進学したケンブリッジ大学には、進化のアイデアに基づいて生まれた人類学の三領域が残っていて、彼自身は、進化論からすでに脱していた社会人類学を専攻することを志したのである。社会人類学では、社会進化の考えをバネにして新しい考えが生まれていた。習慣と制度は同じ段階を通過すると仮定して、辺鄙《へんぴ》な地域に空間的に出かけると、社会進化の過去に時間的に戻ることができると想定した。一九二〇年代から三〇年代にかけて、慣習と制度がどのように働いているのか（機能しているのか）に着目する「機能主義」が勃興した。そのことで、社会人類学は進化の方向性を秘めた形質人類学と考古学から切り離されたが、他方で、生物学的変異と文化的変異は全く関係ない別々の企てであると考えられるようになった。

アメリカでは、人類学者クローバーが、文化は遺伝とは全く関係がないと宣言した（一九一七年）。北米の人類学（文化人類学）は、人々が身につけて子孫へと伝承する知識と信仰に大きな関心を寄せていた。アメリカの文化人類学は、ドイツからの移民であるボアズによって確立された。それは、社会生活を営む際に人々が関係づけられるしかたに関心を抱くイギリスの人類学（社会人類学）とは、異なる方向性を持つものとしてひろがっていた。

植民地行政を助けるための土着の制度の道案内とされたイギリスの社会人類学や、アメリカ大陸の先住の人たちの生活様式を記録するアメリカの文化人類学は、インゴルドが社会人類学科を卒業する一九七〇年頃までには、イギリス植民地行政の消滅や、アメリカでの人権運動の高まりによって、大きく様変わりしていた。イギリスでは、形質人類学は進化生物学に、先史考古学は古典的考古学に、社会人類学は社会科学にそれぞれ合流した。アメリカでは、ボアズが構想した文化人類学・考古学・形質人類学・言語人類学の四領域は統合されるのではなく、バラバラに分断されてしまったのである。

＊

第4章では、社会学の一部門という自己規定から始まったイギリスの社会人類学がどのように展開し、一九六〇年代後半以降に学び始めたインゴルドがそれをどのように吸収したのかを辿った後に、進化を軸とする人類学の流れを追いながら、「社会的なるもの」をめぐる学がどのようであるべきかが論じられる。

イギリスの社会人類学を創設したラドクリフ＝ブラウンは、二〇世紀前半に小規模社会を取り上げて、人々の暮らしを有機体の機能のようなものと捉えて、生活形式の比較研究を行った。二〇世紀後半になると、レヴィ＝ストロースによる構造主義が登場して、ソシュールやヤコブソンらの言語学を応用しつつ、記号と象徴がどのように意味を運び、またそれらがどのように表象するものと関わっているのかを探究した。構造主義では、人間が構造をとおして機能しているのではなくて、構造が人間をとおして機能している点が強調されるため、インゴルドにとって構造主義者とは、夜空にまたたく星を遠くから見つめる天文学者のように社会を見る存在であった。他方、構造主義とは対照的にミクロなレベルでの社会生活に分け入ったのが、バルトに代表されるトランザクショナリストであった。トランザクショナリズムは、モノであれ愛や友情であれ、全ての社会的な相互作用に交換価値があると見た。ここでは、インゴルドが、人間から離れてしまった天文学的なレヴィ＝ストロースよりも人間個人の関係を重視するバルトを評価している点が興味深い。その点に、あくまでも人間の生を中心に思索を深めようとする、インゴルドの学問形成の一端を見てとることができよう（トランザクショナリズムおよびバルトの経歴と業績に関しては、田中二〇一八を参照）。

さらに言えば、インゴルドの人類学史には、現代人類学の祖として人類学の教科書に必ず名前が出てくるマリノフスキーがどこにも出てこない。マリノフスキーは、フィールドワークを行い、参与観察に基づく民族誌を執筆するという現代人類学のスタイルを確立した第一人者である。このことは、インゴルドが、マリノフスキーが構想した他者と研究へのアプローチとは異なる、民族誌中心ではなく、他者を気づかい、ともにある人類学を展望していることと関わっているように思われる。

一九七〇年代初頭になると、ヨーロッパで芽生えつつあった政治運動に呼応するように「構造主義的マルクス主義」が広まっていった。構造主義的マルクス主義の基本的な考え方とは、生活に必要なものを生むことなくして人々は存在しえないし、また成立させる人々なくして社会構造は存在しえないというものであった。それは、人間が環境に適応する際に文化が果たす役割に着目した「文化生態学」ともつながっていた。一九七四年マンチェスター大学の講師に就任したインゴルドは、環境条件と社会体制の問題を連続講座で取り上げるようになる。男が狩りをし、女が採集をする社会では、男は家族のために狩りをするが、獲物を得ることは捕食者と獲物の間の生態力学の問題でもあり、前者を理解するには社会人類学が、後者には動物生態学が必要であって、どちらか一方だけで考えていても上手くいかないことから、インゴルドは次第にそのテーマの扱いに行き詰まりを感じるようになる。しかしその後、有機体であることと社会関係を持つことは人間存在の二つの面ではなく同じ一つのものであること、つまり当該＝環境＝内＝有機体とは、ハイデガーのいう世界＝内＝存在のことであると、突然気づいたのである。

この気づきを跡付けるためにインゴルドは、形質人類学として知られた学の展開を振り返っている。途中で形質人類学から生物人類学へと名称変更されることになるが、研究者たちは、集団レベルで自然選択が働くという「集団選択」の観念を用いて、生物の利他的行動を説明していた。一九七〇年代初頭には遺伝子による説明が優勢となり、全ての社会行動には「生物的基盤」があるとする「社会生物学」が勃興すると、社会人類学者フォーテスは、社会生物学は、社会という概念を動物界に拡張して擬人化していると批判するようになる。社会生物学と社会人類学の間では激しい論争が行われたが、人間存在の全体像を得るには、二つを一つにまとめ上げる「相補理論」が必要だと、インゴルドは考えるようになる。生物学的な個人と人格は人間的なるものの相補的部分であり、その二つが一つになって全体をつくっている。遺伝的なつながりと社会的なつながりの間には、生の居場所はないのだ。インゴルドによれば、「育つこと」と「育てること」は、どちらも生物学的でありかつ社会的であるが、同じ生のプロセスを描写する二つの方法である。子どもに対する親の愛情は家庭での生の親密さという社会的なるものから生じるが、それは、生物学的でないというわけでもない。要するに、人間は「生物社会的存在《バイオ・ソーシャル・ビーイング》」であると、第2章で取り上げた、切り分けられない自然と文化の問題を、ここでは別の角度から論じている。

「社会的なるもの」をめぐる課題に再び戻りながらインゴルドは、「社会関係とは何なのか？」という問いには、三つの答えがあると述べている。一つめは、個体が相互に働きかけ合うトランザクショナリズムのアプローチによって明らかになるものであり、二つめは、社会生物学との論争において社会人類学者が見出した、親子や医者・患者などの制度的枠組みの中の位置関係で理解するというものである。そして三つめは、インゴルドが支持するものだが、関係し合う存在は相互に構成されているとみなす、関係論的な視点から眺めるものである。ここでは、第2章の最後に、関係論的思考をめぐって出された論点が再度強調される。「他者との関係が、あなたの中に入り込み、あなたをあなたという存在にしている。（中略）すべての存在は、相互に働きかけ合っているというよりも、**内側で働きかけている**のであり、存在は働きかけの内側にあるのだ」（一一八頁）。つまり、人は、社会的な事柄の中で関係論的に行為主体となるのだ。問題は、関係論的思考が現在、生得的に継承された資質を持つ集団の中に個体を位置づける「集団的思考」と衝突していることである。この行き詰まりを打破するためには、有機体を他者との関係において構成されているとみなす生物学を更新していかなければならないとインゴルドは言う。それはまた、同時にプロセス的であり、発達的でもあり関係論的でもある生物科学になるであろうと、インゴルドは予想する。

＊

第5章では、今日の人類学が抱える歪みや混乱や課題が示され、それらを乗り越えて、最後に、今後人類学がどうあるべきかというヴィジョンが語られる。

私たちがどう生きるべきかを話し合う公的な場に人類学者はほとんど顔を出さない。公の場に出ると、質問者が暗黙のうちに想定している前提を疑い、そうした前提を共有しない他者ならば、その問いを異なるしかたで提示するはずだと、人類学者は述べるだろう。人類学者がいると、以前よりも賢明にはなるが、スタート時点より知識量は減っているかもしれない。人類学も他の学と同じように、科学の語りの穴を埋めるために用いられる材料を豊かにする学問であると一般には考えられているかもしれないが、インゴルドによれば、人類学はそうした「科学主義」に抗議する理由をもっている。科学主義とは、科学こそが唯一の知識の形式であり、その形式が真理に対する普遍的な要求を有していると捉える信仰体系のようなものである。それは批判されるべきなのだが、人類学者の声にはなかなか耳を傾けてもらえない。それには、人類学者自身がつくり出した三つの障害があると、インゴルドは言う。

第一の障害は、文化を専門とする人類学者の自己提示の問題である。文化とは

•

豊かさの贅沢であり、禁欲生活が始まると真っ先になくなってしまう。文化の専門家と名乗れば、社会から周縁化されてしまうことを知っているため、人類学者は今日、そう名乗らないようにする傾向にある。しかし人類学者が文化との関わりを捨てるのであれば、いったい他に何をするというのだろうか。

第二の障害は、文化相対主義の問題である。文化相対主義は、人間の振る舞いは「何でもありだ」という極端な考えにつながる危険性を孕《はら》んでいる。人権概念は個人の資格や尊厳などの考え方に基づいているが、それは西洋の独自の歴史に根ざすもので、人類学の調査地の人たちには意味をなさないと人類学者は指摘するかもしれない。だがはたしてこんな合理的な羅針盤を信じない人類学者の意見を、いったい誰が真剣に受け取るだろうか。人類学者は、他者に寛大であるべきであるのと同時に、他者に対する批判的精神ももたねばならないだろう。

そして第三の障害は、民族誌をめぐる問題である。民族誌は他者の生を説明へと純化する。よい民族誌は称賛されるが、そのことが民族誌家を縛ることになる。民族誌こそが人類学なのだとすれば、外部からは、人類学者の役割は異文化のデータを提供することだけに見える。人々は、人類学を珍奇なネタが売りの高級ジャーナリズムだと考えるかもしれない。しかし人類学者は、調査研究した人々の見方をたんに純化させた言葉を語るだけではない。人類学者はじっくり思索し、自分たちの考えを述べることを大事にすべきである。それが、インゴルドの考える人類学の目的である。

こうした三つの障害に加え、人類学者をめぐる大衆的なステレオタイプが克服されなければならない。それは、「悪者」と「マヌケ」というイメージである。一九一二年にサルとヒトのミッシング・リンクを埋める証拠を捏造《ねつぞう》したドーソンと、一九八四年のラーソンの漫画で描かれるマヌケな人類学者などが、例として出されている。人類学者の悪者やマヌケのイメージの基礎にある起源と真正性の神話をめぐる問題を含めて人類学の課題を乗り越え、形勢を有利なものに変えるには、第一に、単一の学としての人類学を再確立せねばならないし、第二に、人類学を分裂させてきた社会文化と生物物理の反目の調停をせねばならないし、第三に、記述的であると同時に思弁的・実験的である未来の人類学のポテンシャルを示さねばならない。

第一に、インゴルドの人類学の最も重要な主張は、人類学は、人々についての

•

研究ではなく、人々とともに研究することである、というものである。研究の風景は、社会的な生それ自体と同じように途切れることがない。人類学は人の夢を追い、世界の皮膚の下に潜り込み、内側から知り、観察から学ぶことに関わる。人類学は、人間の生を身体、精神、社会に切り分けて、生物学者、心理学者、社会学者の間で分断されることを認めない。人類学の主題とは、分けられない人間性である。人類学とは、生の過程に入り込み、それに沿って進むことによって作動する学なのだという点が、単一の学としての人類学のヴィジョンである。

第二に、人種思考を脱するために、人類学はホモ・サピエンスという種からホモ・サピエンス・サピエンスという亜種をつくった。そのことにより、現生人類はすべてそのカテゴリーに含まれるようになったが、他方で、人種概念に代えて文化概念が肥大し、文化が継承されると捉えることで逆説的に、人種思考が再生産されてしまった。人種と文化という悪魔を葬り去るためには、人間性は、個別の文化（社会文化）の中にも、個々の人種（生物物理）の中にも分割することはできないということを知るべきである。

第三に、インゴルドにとって、未来の人類学は、科学というよりもアートに近い。人類学はアートと同じで、あるがままのものを描いて分析することだけに結びついているだけではない。それはまた実験的であり、思弁を許されている。私たちは、他者あるいは世界に問いかけ、その答えを待つ。それは、あらゆる会話で起きていることであり、会話というものがそうであるように、関わる人すべてが生を変容させる。人類学が重要なのも、生を変容させる力をもつからである。人類学者を駆り立てるのは、知識への要求ではない。他者を気づかい、彼らと会話し、他者とともに世界を築いていくことが、インゴルドが未来に向けてつくり出そうとしている人類学である。

＊

以上、本書の概要を紹介した。全体として見れば、人類学のこれまでの流れを辿り、知らず知らずのうちに人類学にこびりついてしまった垢《あか》のようなものをそぎ落とすべく努めながら、他者とともにいる現実をデータとして純化させる科学主義に陥ることなく、他者とともにいて、自らと他者の生がともに変容することを目指す、誰もが予想しなかった新しい人類学を未来に向けて発している。本書は、画期的な問題提起を伴う未曽有の人類学入門になっている。

他方で、本書では、戦争、貧富の格差、環境問題など多難を抱え、世界がすでに臨界点に達している今日、未来にも生がありえるために出口を探るという巨大な問いに挑むことを人類学の課題としているが、全体を通じて、そのことが十分に論じ尽くされていないように感じられる。その問いは、今後インゴルド自身が、さらにはインゴルドの人類学を受け継ぐことになるであろう私たちが取り組むべき重要な課題であろう。

こうした印象を含め、この解説は訳者の一人の読解にすぎないが、このささやかな文が、本書読解の一助になればと願うものである。

訳語について、lifeは、本書だけでなくインゴルドの思想のキーワードであるが、本書では、「生」「いのち」「生活」と、文脈に応じて訳し分けた。また、本文中、既に邦訳のある文献については、訳者の判断として、独自に訳出をした部分があることを付記しておきたい。

本書の訳出作業としては、第1、第3、第5章を奥野が、第2、第4章を宮崎が担当し、第一稿を用意した上で、何度かやり取りをしながら、内容と訳文の検討を進めていった。第二稿にしたところで、亜紀書房の内藤寛さんにも参加いただきながら、意味の確認と訳文のチェックを行った上で、第三稿を作成した。所々に散見されるインゴルドの独創的・印象的なフレーズの意味合いや、時系列を前後させた説明や時にあっちに行ったりこっちに行ったりする議論内容の把握には、思いのほか時間がかかった。それ以降、内藤さんのチェックを経ながら、奥野が全編を確認して、最終稿に仕上げた。「原注」および「読書案内」の中の邦訳文献については、宮崎が調べた。

なお本書の印刷経費に関しては、立教大学異文化コミュニケーション学部のプロジェクト費の助成を受けたことを記して、関係者に謝意を表したい。

参考文献

・生田博子　二〇一八「ティム・インゴールド」岸上伸啓編著『はじめて学ぶ文化人類学――人物・古典・名著からの誘い――』二七六‐二八一頁、ミネルヴァ書房
・ウィラースレフ、レーン　二〇一八『ソウル・ハンターズ――シベリア・ユカギールのアニミズムの人類学――』

奥野克巳・近藤祉秋・古川不可知共訳、亜紀書房
・奥野克巳・中上淳貴　二〇二〇「マルチスピーシーズ仏教論序説」『たぐい』Vol.2、五六－六六頁、亜紀書房
・田中雅一　二〇一八「フレデリック・バルト」片上伸啓編著『はじめて学ぶ文化人類学――人物・古典・名著からの誘い――』一四一－一四六頁、ミネルヴァ書房
・南直哉　二〇一九『仏教入門』講談社現代新書
・リーチ、E.　一九八五『社会人類学案内』長島信弘訳、岩波書店

down', *Social Evolution Forum, The Evolution Institute*, 2016. 以下で閲覧可能（2020年3月確認）*https://evolution-institute.org/focus-article/the-oneculture/? source=sef.*

2 • European Association of Social Anthropologists, 'Why anthropology matters', Prague, 15 October 2015. 以下で閲覧可能（2020年3月確認）*https://www.easaonline/downloads/publications/policy/EASA%20policy%20paper_EN.pdf.*

3 • Horace Miner, 'Body ritual among the Nacirema', *American Anthropologist* 58 (1956): 503–7.

4 • Marcel Mauss, 'Body techniques' [1934], in *Sociology and Psychology: Essays by Marcel Mauss*, trans. Ben Brewster, Part IV (London: Routledge and Kegan Paul, 1979), pp. 97–123. 引用はp. 101から.

5 • Eric Wolf, 'Perilous ideas: race, culture, people', *Current Anthropology* 35 (1994): 1–12.

6 • American Association of Physical Anthropologists, 'Statement on biological aspects of race', *American Journal of Physical Anthropology* 101 (1996): 569–70.

7 • Paul Klee, *Notebooks, Volume I: The Thinking Eye*, ed. Jurg Spiller, trans. Ralph Mannheim (London: Lund Humphries, 1961), p. 76.

（クーン、トーマス 1971『科学革命の構造』中山茂（訳）、みすず書房）

3・Ferdinand de Saussure, *Course in General Linguistics*, eds Charles Bally and Albert Sechehaye, trans. Wade Baskin (New York: Philosophical Library, 1959).

（ソシュール、フェルディナン・ド 1972『一般言語学講義』小林英夫（訳）、岩波書店）

4・Claude Levi-Strauss, *Totemism*, trans. Rodney Needham (London: Merlin Press, 1964).

（レヴィ=ストロース、クロード 2000『今日のトーテミスム』仲沢紀雄（訳）、みすず書房）

5・Fredrik Barth, *Models of Social Organization* (Royal Anthropological Institute Occasional Paper 23) (London: Royal Anthropological Institute, 1966).

6・Tim Ingold, *The Appropriation of Nature: Essays on Human Ecology and Social Relations* (Manchester: Manchester University Press, 1986).

7・Edward O. Wilson, *Sociobiology: The New Synthesis* (Cambridge, MA: Harvard University Press, 1975). （ウィルソン、エドワード・オズボーン 1999『社会生物学（合本版）』坂上昭一ほか（日本語版監修）、新思索社）

8・Meyer Fortes, *Rules and the Emergence of Society* (Royal Anthropological Institute Occasional Paper 39) (London: Royal Anthropological Institute, 1983).

第5章

1・David Sloan Wilson, 'The One Culture: four new books indicate that the barrier between science and the humanities is at last breaking

2008『虚構の「近代」――科学人類学は警告する』川村久美子（訳）、新評論）

第3章

1・Thomas Henry Huxley, *Man's Place in Nature and Other Essays* (London: Macmillan, 1894), p. 152.

2・Robert W. Reid, *Inaugural Lecture: The Development of Anthropology in the University of Aberdeen* (Aberdeen: Aberdeen University Press, 1934), p. 18.

3・Arthur Keith, *The Place of Prejudice in Modern Civilization* (London: Williams & Norgate, 1931), p. 49.

4・Alfred Reginald Radcliffe-Brown, 1952, *Structure and Function in Primitive Society*, London: Cohen & West, p. 2.（ラドクリフ=ブラウン、アルフレッド・レジナルド 2002『未開社会における構造と機能』青柳まちこ（訳）、新泉社）

5・Marshall Sahlins, *Stone Age Economics* (London: Tavistock, 1972), p. 81. サーリンズは引用した考古学者の名は挙げていない。
（サーリンズ、マーシャル 1984『石器時代の経済学』山内昶（訳）、法政大学出版局）

6・Alfred L. Kroeber, 'The superorganic' (1917), *in his The Nature of Culture* (Chicago: University of Chicago Press, 1952), pp. 22–51.

第4章

1・Edmund Leach, *Rethinking Anthropology* (London: Athlone Press, 1961), pp. 2–3.（リーチ、E. 1990『人類学再考』青木保、井上兼行（訳）、思索社）

2・Thomas Kuhn, *The Structure of Scientific Revolutions* (Chicago: University of Chicago Press, 1962).

Machine (Oxford: Oxford University Press, 1999).

3 • Henrietta Moore, *A Passion for Difference: Essays in Anthropology and Gender* (Bloomington: Indiana University Press, 1994).

4 • Donald Brown, *Human Universals* (New York: McGraw-Hill, 1991). (ブラウン、ドナルド E 2002『ヒューマン・ユニヴァーサルズ――文化相対主義から普遍性の認識へ』鈴木光太郎、中村潔（訳）、新曜社)

5 • Steven Pinker, *The Language Instinct* (New York: William Morrow, 1994). (ピンカー、スティーブン 1995『言語を生みだす本能＜上＞＜下＞』椋田直子（訳）、日本放送出版協会)

6 • ギアツのエッセイ「文化の概念の人間の概念への影響」は1966年初出。Clifford Geertz, *The Interpretation of Cultures* (London: Fontana, 1973), pp. 33–54. を参照。引用はp. 45より。(ギアーツ、クリフォード 1987『文化の解釈学 I･II』吉田禎吾、柳川啓一、中牧弘允、板橋作美（訳）、岩波現代選書)

7 • John Tooby and Leda Cosmides, 'The psychological foundations of culture', in *The Adapted Mind: Evolutionary Psychology and the Generation of Culture*, eds Jerome H. Barkow, Leda Cosmides and John Tooby (New York: Oxford University Press, 1992), pp.19-136. 引用はp. 33より。

8 • Edmund Leach, *A Runaway World?* (London: Oxford University Press, 1967), p. 34. (Leach, Edmund 1969『A Runaway World?　断絶の世代に生きる』高久真一、岡野哲編、朝日出版社。ただしこの文献は、翻訳ではなく英語の原文に日本語の解説を付したものである)

9 • Bruno Latour, *We Have Never Been Modern*, trans. Catherine Porter (Cambridge, MA: Harvard University Press, 1991). (ラトゥール、ブルーノ

第1章

1・マルクスの見解は1852年のエッセイ『ルイ・ボナパルトのブリュメール18日』から引いている。
「人間は自分自身の歴史を創るが、しかし、自発的に、自分が選んだ状況の下で歴史を創るのではなく、すぐ目の前にある、与えられた、歴史から受け渡された状況の下でそうする」と彼は書いている。（マルクス、カール 2008『ルイ・ボナパルトのブリュメール18日』植村邦彦（訳）、平凡社ライブラリー）

2・Arif E. Jinha, 'Article 50 million: an estimate of the number of scholarly articles in existence', *Learned Publishing* 23 (2010): 258–63.

3・A. Irving Hallowell, 'Ojibwa ontology, behavior and world view', in *Culture in History: Essays in Honor of Paul Radin*, ed. Stanley Diamond (New York: Columbia University Press, 1960), pp. 19–52. 引用はp.24より。

4・Emile Durkheim, 1976, *The Elementary Forms of the Religious Life*, trans. Joseph Ward Swain, 2nd edition (London: Allen&Unwin, 1976). （デュルケム、エミル 1975『宗教生活の原初形態<上><下>』古野清人（訳）、岩波文庫）

第2章

1・Giorgio Agamben, *The Open: Man and Animal*, trans. Kevin Attell (Stanford, CA: Stanford University Press, 2004), p. 27. （アガンベン、ジョルジョ 2011『開かれ――人間と動物』岡田温司、多賀健太郎（訳）、平凡社ライブラリー）

2・Richard Dawkins, *The Selfish Gene* (Oxford: Oxford University Press, 1976)（ドーキンス、リチャード 2018『利己的な遺伝子　40周年記念版』日高敏隆、岸由二、羽田節子、垂水雄二（訳）、紀伊國屋書店）; Susan Blackmore, *The Meme*

The Key Concepts. London: Routledge, 2000.

- Alan Barnard and Jonathan Spencer. *Encyclopedia of Social and Cultural Anthropology*. London: Routledge, 1996.
- Tim Ingold, ed. *Companion Encyclopedia of Anthropology: Humanity, Culture and Social Life*. London: Routledge, 1994.

社会文化人類学の入門書

- Joy Hendry. *An Introduction to Social Anthropology: Sharing Our Worlds*. New York: Palgrave, 2016.（ヘンドリー、ジョイ 2017『＜増補新版＞社会人類学入門』桑山敬己、堀口佐知子（訳）、法政大学出版局）
- John Monaghan and Peter Just. *Social and Cultural Anthropology: A Very Short Introduction*. Oxford: Oxford University Press, 2000.
- Thomas Hylland Eriksen. *Small Places, Large Issues: An Introduction to Social and Cultural Anthropology*. London: Pluto Press, 1995.
- Michael Carrithers. *Why Humans Have Cultures: Explaining Anthropology and Social Diversity*. Oxford: Oxford University Press, 1992.

概論

- Tim Ingold, ed. *Key Debates in Anthropology*. London: Routledge, 1996.
- Adam Kuper. *Anthropology and Anthropologists: The Modern British School* (3rd edition). London: Routledge, 1996.
（クーパー、アダム 2000『人類学の歴史:人類学と人類学者』鈴木清史（訳）、明石書店）
- Clifford Geertz. *The Interpretation of Cultures*. London: Fontana, 1973.（ギアーツ、クリフォード 1987『文化の解釈学 I·II』吉田禎吾、柳川啓一、中牧弘允、板橋作美（訳）、岩波現代選書）

用語集・事典

- Nigel Rapport and Joanna Overing. *Social and Cultural Anthropology:*

著　者

ティム・インゴルド　**Tim Ingold**

1948年イギリス・バークシャー州レディング生まれの人類学者。1976年にケンブリッジ大学で博士号を取得。1973年からヘルシンキ大学、マンチェスター大学を経て、1999年からアバディーン大学で教えている。現在、アバディーン大学教授。主な著作に、The Appropriation of Nature: Essays on Human Ecology and Social Relations. 1981. The Perception of the Environment: Essays in Livelihood, Dwelling and Skill. 2000.『ラインズ―線の文化史―』(工藤晋訳、管啓次郎解説、原著2007、邦訳2014、左右社)。Being Alive: Essays on Movement, Knowledge and Description. 2011.『メイキング―人類学・考古学・芸術・建築―』(金子遊+水野友美子+小林耕二訳、原著2015、邦訳2017、左右社)、『ライフ・オブ・ラインズ―線の生態人類学―』(筧菜奈子・島村幸忠・宇佐美達朗訳、原著2015、邦訳2018、フィルムアート社)などがある。

奥野克巳　**おくの・かつみ**

1962年生まれ。20歳でメキシコ・シエラマドレ山脈先住民テペワノの村に滞在し、バングラデシュで上座部仏教の僧となり、トルコのクルディスタンを旅し、インドネシアを一年間経巡った後に文化人類学を専攻。1994～95年に東南アジア・ボルネオ島焼畑民カリスのシャーマニズムと呪術の調査研究、2006年以降、同島の狩猟民プナンとともに研究している。現在、立教大学異文化コミュニケーション学部教授。著作に、『ありがとうもごめんなさいもいらない森の民と暮らして人類学者が考えたこと』(2018年、亜紀書房)など多数。共訳書に、エドゥアルド・コーン著『森は考える―人間的なるものを超えた人類学』(2016年、亜紀書房)、レーン・ウィラースレフ著『ソウル・ハンターズ―シベリア・ユカギールのアニミズムの人類学』(2018年、亜紀書房)。

宮崎幸子　**みやざき・さちこ**

1967年生まれ。埼玉の県立高校で英語教師として勤務したのち、2000年に渡米、コロンビア大学ティーチャーズカレッジで修士号(TESOL応用言語学)を取得。現在、専修大学で兼任講師を務めるかたわら、立教大学大学院博士後期課程に在学。文化人類学専攻。共著に『Quick-Step English 1』(2011年、南雲堂)、論文に、「相馬野馬追の『人と馬』の関係から福島県相双地方の復興を探る―マルチスピーシーズ民族誌の可能性―」(2018年、立教大学異文化コミュニケーション研究科修士論文)などがある。

2020年3月26日　初版第1刷発行
2024年11月2日　　第5刷発行

人類学とは何か

著　　者　ティム・インゴルド
訳　　者　奥野克巳・宮崎幸子

発 行 者　株式会社亜紀書房
〒101-0051
東京都千代田区神田神保町1-32
電話(03)5280-0261
振替00100-9-144037
http://www.akishobo.com

装　　丁　寄藤文平＋古屋郁美（文平銀座）
D　T　P　コトモモ社
印刷・製本　株式会社トライ
http://www.try-sky.com

Printed in Japan
乱丁本・落丁本はお取り替えいたします。

世代とは何か

奥野克巳・鹿野マティアス訳

地球規模の危機を乗り越え、未来を確かなものにするために、わたしたちはどう変わるべきか？「ともに生きる」ための哲学を唱導する人類学の巨人に放つ、人間復権への渾身のメッセージ。

四六判 240 頁 2300 円＋税

応答、しつづけよ。

奥野克巳訳

現代の人類学を牽引する思想家が随筆、批評、寓話、詩などさまざまな形式を駆使して、アート、建築、デザインを論じる。

人類学×アートが切り開く、世界のまだ見ぬ相貌とは？

創造と想像を刺激するスリリングな思考の実践。

四六判 420 頁 2800 円＋税

人類学者K

ロスト・イン・ザ・フォレスト

日本を飛び出し、ボルネオ島のジャングルで狩猟民プナンの調査を始めるK。未来や過去の観念を持たず、反省や謝罪をせず、欲を捨て、現在だけに生きるその価値観と生き方に圧倒されながらも、Kは少しずつその世界に入り込んでいく。話題の著者による臨場感あふれる人類学ノンフィクション。

四六判 220 頁 1700 円＋税